AF836684

C. G. Jung
Der lange Fluss des Lebens

C. G. Jung

Der lange Fluss des Lebens

Weisheiten und Einsichten

Ausgewählt von Franz Alt

EDITION C. G. JUNG

VERLAGSGRUPPE PATMOS

PATMOS
ESCHBACH
GRÜNEWALD
THORBECKE
SCHWABEN
VER SACRUM

Die Verlagsgruppe
mit Sinn für das Leben

MIX
Papier | Fördert gute Waldnutzung
FSC® C014496
FSC
www.fsc.org

Die Verlagsgruppe Patmos ist sich ihrer Verantwortung gegenüber unserer Umwelt bewusst. Wir folgen dem Prinzip der Nachhaltigkeit und streben den Einklang von wirtschaftlicher Entwicklung, sozialer Sicherheit und Erhaltung unserer natürlichen Lebensgrundlagen an. Näheres zur Nachhaltigkeitsstrategie der Verlagsgruppe Patmos auf unserer Website www.verlagsgruppe-patmos.de/nachhaltig-gut-leben

Bibliografische Information der Deutschen Nationalbibliothek
Die Deutsche Nationalbibliothek verzeichnet diese Publikation in der Deutschen Nationalbibliografie; detaillierte bibliografische Daten sind im Internet über http://dnb.d-nb.de abrufbar.

Alle Rechte vorbehalten
© 2024 Patmos Verlag
Verlagsgruppe Patmos in der Schwabenverlag AG, Ostfildern
www.verlagsgruppe-patmos.de
Neuausgabe des 2001 im Walter Verlag, Düsseldorf und Zürich, erschienenen gleichnamigen Titels.
Die Texte wurden auf die reformierte neue deutsche Rechtschreibung umgestellt.
Umschlaggestaltung: Finken & Bumiller, Stuttgart
Umschlagabbildung: Patientenbild von C. G. Jung, Ohne Titel, 17.3.1927, Aquarell auf Papier, 20,5 × 20,5 cm, Bildarchiv C. G. Jung-Institut Zürich, Küsnacht, 008 AHAF © C. G. Jung-Institut Zürich, Küsnacht.
Foto: Ulrich Peters.

Gestaltung, Satz: Schwabenverlag AG, Ostfildern
Druck: GGP Media GmbH, Pößneck
Hergestellt in Deutschland
ISBN 978-3-8436-1561-7
EDITION C. G. JUNG im Patmos Verlag

Inhalt

Vorwort

Die Gedanken C. G. Jungs über den langen Fluss des Lebens steigern die Lust zu leben, denn sie versöhnen mit dem Tod. Die Versöhnung mit dem Tod beginnt, wenn wir uns in der Tiefe als künftig Sterbende akzeptieren lernen. Das ist die alles entscheidende Aufgabe in der zweiten Lebenshälfte, die schon in der ersten Lebenshälfte vorbereitet werden kann. Die Angst vor dem Tod bringt viele Menschen um ihr Leben. Doch Leben und Tod sind dem Menschen zumutbar.

C. G. Jung versteht den Tod nicht als Tod, sondern als Geburt und als Ziel. So und nur so ist auch der Satz aus dem *Gilgamesch*-Epos der Sumerer zu verstehen: »Jung wird der Mensch als Greis.« Das heißt: Zum Hinübergehen in die andere Dimension wird der Mensch mit einer geistigen Nahrung gestärkt, die wie ein Jungbrunnen sein kann, wenn er aufnahmebereit für diese seelische Nahrung ist und sich auf die Geburt im Tod vorbereitet. Diese Seelenspeise reicht weit über unser physisches Leben hinaus. Sie wird uns schon Jahrzehnte vor dem Tod geschenkt aus dem Meer der Ewigkeit. Mit diesem Wissen wird der Gedanke erträglich, dass jeder, der lebt, ein Todeskandidat ist.

Leider begegnen wir heute nur noch wenigen älteren Menschen, deren Aura uns eine Ahnung von der

Wirkweise dieser kosmischen Seelenspeise vermittelt. Das mag auch an unserer mangelnden Wahrnehmungsfähigkeit liegen. Allerdings: Auf dem Sterbebett kann man die Wirkung dieser Seelenspeise noch bei vielen Menschen spüren.

Was ich meine, zeigt dieses Beispiel: Die 91-jährige Mutter eines Freundes lud ihre Verwandten und Freunde überraschend zu einem Fest ein. Es wurde ein wunderschöner Tag mit gutem Essen, schöner Musik und viel Freude. Doch bis zum Abend hatte immer noch keiner der vielen Gäste den Anlass des Festes erraten können. Da erhob sich die alte Dame, begann sich von jedem der mehreren Dutzend Anwesenden per Handschlag zu verabschieden und meinte: »Das war's. Ich danke euch allen.« Sie legte sich ins Bett und war etwa eine Stunde danach tot.

Ein Abschied mit einem himmlischen Mahl. Im Tod geben wir nicht unseren Geist auf, wir legen nur unseren Körper ab. Aus Raupen werden Schmetterlinge. Vor 2500 Jahren hat ein Schüler des Konfuzius seinen Meister gefragt: »Gibt es ein Leben nach dem Tod?« Konfuzius antwortete: »Wie magst du dir Sorgen machen wegen des Lebens nach dem Tode, da du ja das Leben vor dem Tode gar nicht kennst.« Die tiefe Wahrheit dieses Wortes gilt heute in unserer materialisierten Zeit erst recht. »Die Sucht, unsterblich zu sein« (Angelika Aliti), ist weitverbreitet. Erst wenn wir etwas lernen über das Leben vor dem Sterben, können wir etwas ahnen vom Leben nach dem Sterben.

Vor ebenfalls 2500 Jahren stand im Tempel von Delphi die bekannte Aufforderung: »Mensch, erkenne dich selbst.« Je mehr wir den Sinn unseres Lebens erkennen, desto eher lernen wir, dass es keinen Tod gibt. »Vom langen Fluss des Lebens« haben wir etwas verstanden, wenn wir so leben lernen, dass wir unsere Sterbestunde als Stunde der Auferstehung vorbereiten. Das ägyptische wie auch das tibetanische Totenbuch lehren uns und ebenso alle Religionen: Wir leben nicht, um zu sterben, wir sterben, um in der geistigen Welt zu leben. Diese Erkenntnis ist die Kunst des Hinüberreifens.

Kann man das Sterben üben? Ja, jeden Abend beim Einschlafen kann man das Loslassen üben.

Franz Alt

VOM FLUSS DES LEBENS

Es ist der Sinn meiner Existenz,
dass das Leben eine Frage an mich hat.

Erinnerungen, S. 347

Lebenszeit und Lebensfülle

Wir können sagen, dass das menschliche Leben [...] ist wie ein langer Fluss. Wenn man von einem Berg darauf herunterblickt, kann man ihn vielleicht hundert Kilometer weit sehen, die ganze Länge des Flusses, von seinem Ursprung bis zum Meer. Man kann ihn in ein oder zwei Sekunden überblicken, dennoch braucht ein Schiff auf dem Fluss lange Zeit, um diese Entfernung zurückzulegen, und das Wasser braucht lange Zeit, um so weit zu fließen. Das ist Zeit oder menschliches Leben aus großer Entfernung gesehen, Anfang und Ende zur gleichen Zeit. Man sieht die Zeit im Raum. Nehmen wir nun an, dass wir von einem sehr hohen Schweizer Berg aus zwei Pferdegespanne heraufkommen sehen; wir wissen, dass sie zwei Tage brauchen werden, um sich zu begegnen. Von oben können wir in die Zukunft dieser zwei Burschen schauen. Und so sehen wir auch in einem solchen Traum das menschliche Leben als einen Streifen, als den Fluss der Zeit, und wer einen solchen Traum hat, befindet sich auf einer hohen Warte, er sieht Vergangenheit, Gegenwart und Zukunft auf einmal.

Traumanalyse, S. 479

Das Leben ist ein energetischer Ablauf wie irgendeiner. **GW 8, § 798**

Die Kurve des Lebens ist wie eine Geschossparabel. In seiner anfänglichen Ruhelage gestört, steigt das Geschoss auf und kehrt wieder zur Ruhelage zurück.

GW 8, § 798

Betrachten wir nun die universelle Energie der Welt, die Lebensenergie. Sie ist uns unbekannt, aber wir müssen auch sie nach jenen Kategorien verstehen. Sie ist nicht beobachtbar, wenn nichts geschieht. Ein Ei zum Beispiel ist latent, nichts bewegt sich, aber wenn es sich entwickelt, dann entwickelt sich Zeit, Alterung beginnt. **Traumanalyse, S. 455**

Es gibt kein Werden und Vergehen, es sei denn in der Zeit. **Kinderträume, S. 106**

Die Fülle des Lebens ist gesetzmäßig und nicht gesetzmäßig, rational und irrational. **GW 7, § 72**

Was die Seele ist, wissen wir ebenso wenig wie was das Leben ist. Geheimnis genug, um unsicher zu sein, wie viel Ich Welt und wie viel Welt Ich ist! Das Unbewusste aber ist *wirklich* auf jeden Fall, denn es wirkt.

GW 10, § 23

Soweit wir zu erkennen vermögen, ist es der einzige Sinn der menschlichen Existenz, ein Licht anzuzünden in der Finsternis des bloßen Seins.

Erinnerungen, S. 355

Unser individuelles Leben ist keine Illusion, es ist ebenfalls gültig. **Traumanalyse, S. 493**

Es ist eine merkwürdige Tatsache, dass ein Leben, das bloß aus dem Ich gelebt wird, in der Regel nicht nur auf den Betreffenden selbst, sondern auch auf die Zuschauer als dumpf wirkt. Die Fülle des Lebens erfordert mehr als bloß ein Ich; sie bedarf eines Geistes, das heißt eines unabhängigen und übergeordneten Komplexes, der offenbar allein imstande ist, alle jene seelischen Möglichkeiten, die das Ichbewusstsein nicht erreichen kann, in lebendige Erscheinung zu rufen. **GW 8, § 645**

Ein Mensch wird nie durch sich allein repräsentiert. Ein Mensch ist nur etwas in Beziehung zu anderen Individuen. Wir erhalten von ihm ein vollständiges Bild nur dann, wenn wir ihn in Beziehung zu seiner Umgebung sehen, so wie wir nichts über eine Pflanze oder ein Tier wissen, wenn wir ihren Lebensraum nicht kennen. **Traumanalyse, S. 253**

Und da selbst das Unbewusste die Notwendigkeit des individuellen Standpunkts anerkennt, bringt es ihn mit derselben Hartnäckigkeit ein wie das Hauptmotiv, gibt ihm denselben Wert und die gleiche Würde, sodass wir annehmen dürfen, wie ich meine, dass das Kleinste genauso wichtig ist wie das Größte. Es gäbe keine Sahara ohne das einzelne Sandkorn, und das Wassermolekül ist absolut unerlässlich für das Meer. Der einzelne Mensch ist unerlässlich für die Existenz des Kosmos, und wenn wir zu den lächerlichen Unzulänglichkeiten unseres persönlichen Lebens zurückkehren, dann ist das ein genauso interessantes Problem, wie wenn wir auf jene Anhöhen hinaufgeführt werden, von wo aus wir einen flüchtigen Eindruck von der vollen Dimension des universellen Lebens erhalten. **Traumanalyse, S. 493**

Das Leben ist ein Kriterium der Wahrheit des Geistes. Ein Geist, der den Menschen über alle Lebensmöglichkeit hinausreißt und nur Erfüllung in sich selbst sucht, ist ein Irrgeist – nicht ohne die Schuld des Menschen, der es in der Hand hat, sich selbst aufzugeben oder nicht. **GW 8, § 647**

Der Geister sind viele, helle und finstere. Man darf sich daher der Einsicht nicht verschließen, dass auch der Geist nichts Absolutes, sondern etwas Relatives ist, welches der Ergänzung und der Vervollständigung *durch das Leben* bedarf. **GW 8, § 645**

Die Paradoxie gehört sonderbarerweise zum höchsten geistigen Gut; die Eindeutigkeit aber ist ein Zeichen der Schwäche. Darum verarmt eine Religion innerlich, wenn sie ihre Paradoxien verliert oder vermindert; deren Vermehrung aber bereichert, denn nur das Paradoxe vermag die Fülle des Lebens annähernd zu fassen, die Eindeutigkeit und das Widerspruchslose aber sind einseitig und darum ungeeignet, das Unerfassliche auszudrücken. **GW 12, § 18**

Es ist ein merkwürdiges Paradox im menschlichen Leben, dass gerade das, was die größte Angst auslöst, die Quelle der größten Weisheit ist. Unsere größte Torheit ist unser bestes Sprungbrett. Niemand kann ein weiser Mensch werden, ohne ein schrecklicher Tor zu sein. Durch Eros lernt man die Wahrheit, durch Sünden lernen wir Tugend. Meister Eckhart sagt, dass man nicht allzu sehr bereuen solle, denn der Wert der Sünde sei sehr groß. In *Thaïs* sagt ANATOLE FRANCE, dass nur ein großer Sünder ein großer Heiliger werden könne, das eine sei nicht ohne das andere denkbar. Wie kann der Mensch mit diesem fürchterlichen Paradox umgehen? Er kann nicht sagen: »Ich werde eine Sünde begehen, dann werde ich ein Heiliger sein«, oder: »Ich werde ein Tor sein, damit ich zum Weisen werde«. Die Frage ist, was man tun soll, wenn man in eine Sackgasse gerät. [...] Aus einander fremden, unvereinbaren Dingen entsteht etwas Neues. Das ist offensichtlich die Antwort auf das Paradox, das unlösbare Dilemma. Traumanalyse, S. 369

Nur am Gegensatz entzündet sich das Leben.

GW 7, § 78

Kindheit und Jugend

Die Persönlichkeit entwickelt sich im Lauf des Lebens aus schwer oder gar undeutbaren Keimanlagen, und erst durch unsere Tat wird es offenbar, wer wir sind.

GW 17, § 290

Lassen Sie mich zum Schluss noch für einen Augenblick zum Sonnengleichnis zurückkehren. Die 180 Grade unseres Lebensbogens zerfallen in vier Teile. Das erste östliche Viertel ist die Kindheit, das heißt derjenige problemlose Zustand, wo wir erst ein Problem für andere, aber eigener Problematik noch nicht bewusst sind. Die bewusste Problematik erstreckt sich über das zweite und dritte Viertel, und im letzten Viertel, im Greisenalter, tauchen wir wieder ein in jenen Zustand, wo wir, unbekümmert um unsere Bewusstseinslage, wieder mehr ein Problem für die anderen werden. Kindheit und hohes Alter sind zwar äußerst verschieden, aber haben das eine gemeinsam, nämlich das Eingetauchtsein in unbewusst Seelisches. Da die Seele des Kindes aus dem Unbewussten sich herausentwickelt, so ist seine Psychologie, obschon auch schwierig, so doch eher auszumachen als die des Greises, der in das Unbewusstsein wieder versinkt und zunehmend darin verschwindet. Kindheit und Greisenalter sind die problemlosen Zustände des Lebens (...).

GW 8, § 795

Die kindliche Stufe des Bewusstseins kennt noch keine Probleme, denn noch hängt nichts vom Subjekt ab, indem das Kind selbst noch ganz von den Eltern abhängt. Es ist, wie wenn es noch gar nicht völlig geboren, sondern noch in der seelischen Atmosphäre der Eltern getragen wäre. Die seelische Geburt und damit die bewusste Unterscheidung von den Eltern erfolgt normalerweise erst mit dem Einbruch der Sexualität im Pubertätsalter. Mit dieser physiologischen Revolution ist auch eine geistige verbunden. Durch die körperlichen Erscheinungen wird nämlich das Ich in so hohem Maß betont, dass es sich oft ganz unverhältnismäßig zur Geltung bringt. Daher der Name »Flegeljahre«. **GW 8, § 756**

[Es ist] durchaus begreiflich, dass die alte Anschauung von der Seele als etwas Selbstständigem, nicht bloß Objektivem, sondern direkt gefährlich Willkürlichem ihre Berechtigung hat. Die weitere Annahme, dass dieses geheimnisvolle, furchterregende Wesen zugleich die Lebensquelle sei, ist psychologisch ebenso verständlich, denn die Erfahrung zeigt ja, wie das

Ichsein, nämlich das Bewusstsein, aus unbewusstem Leben hervorgeht. Das kleine Kind hat psychisches Leben ohne nachweisbares Ichbewusstsein, weshalb die ersten Lebensjahre kaum einige Erinnerungsspuren hinterlassen. Woher kommen alle guten und hilfreichen Einfälle? Woher Begeisterung, Inspiration und jedes erhöhte Lebensgefühl? Der Primitive fühlt in der Tiefe seiner Seele den Lebensquell, er ist aufs Tiefste beeindruckt von der lebenschöpfenden Tätigkeit seiner Seele, weshalb er an alles glaubt, was auf die Seele wirkt, nämlich an magische Gebräuche aller Art. Darum ist für ihn die Seele das Leben überhaupt, das er nicht zu meistern sich einbildet, sondern von dem er in jeglicher Beziehung abhängt. **GW 8, § 668**

Meiner Ansicht nach ist es falsch, sexuelle Erscheinungen im frühen Kindesalter als Ausdruck einer organischen Anlage zu sehen; die Mehrzahl der Fälle lässt sich auf eine der psychologischen Eigenart des Kindes unzuträgliche Umwelt zurückführen. Die Einstellung des Kindes zum Leben ist zwar durch die Erbanlage bestimmt, aber nur bis zu einem gewissen Grad; auf der anderen Seite ist sie das Resultat des unmittelbaren Einflusses der Eltern und der Erziehung. Während die Erbanlage sich nicht verändern lässt, können diese Einflüsse durch angemessene Methoden korrigiert werden, sodass die ursprüngliche ungünstige Veranlagung überwunden werden kann. **GW 18 II, § 1794**

Es ist natürlich, dass der Jugendabschnitt des Lebens durch die weitgehende Anerkennung der Triebnatur gewinnen kann, zum Beispiel durch die Anerkennung der Sexualität, deren neurotische Verdrängung den Menschen in ungebührlichem Maß vom Leben fernhält, oder auf unglückliche Weise gerade in ein höchst unpassendes Leben, mit dem er uneins werden *muss*, hineinzwingt. Die gerechte Anerkennung und Würdigung der normalen Triebe führt den jungen Menschen zum Leben und verflicht ihn mit Schicksalen, die ihn weiterführen zu Notwendigkeiten und dadurch bedingten Opfern und Leistungen, welche seinen Charakter festigen und seine Erfahrung reifen. **GW 8, § 113**

Könnten wir die Gedanken eines jungen Menschen direkt beobachten und registrieren, wenn er Zeit und Muße zum Träumen hat, so würden wir neben einigen Erinnerungsbildern wohl in der Hauptsache Fantasien, die sich mit der Zukunft beschäftigen, feststellen können. Tatsächlich besteht weitaus der größte Teil der Fantasien aus Antizipationen. Die Fantasien sind daher größtenteils vorbereitende Handlungen oder gar psychische Einübungen auf gewisse zukünftige Wirklichkeiten. **GW 8, § 808**

Das Schicksal steht vor ihnen verworren und überreich an Möglichkeiten, und doch ist nur eine von diesen vielen Möglichkeiten ihr eigener und richtiger

Weg. Wer könnte sich vermessen, auch gegründet auf eine menschenmögliche Erkenntnis seines eigenen Charakters, jene eine Möglichkeit im Voraus bestimmen zu können? **GW 7, § 72**

Ein Junger, der nicht kämpft und siegt, hat das Beste seiner Jugend verpasst. **GW 8, § 801**

Wir wissen aber, dass es keine menschliche Voraussicht oder Lebensweisheit gibt, welche uns in den Stand setzen könnte, unserem Leben eine vorgeschriebene Richtung zu geben, außer auf kleinen Wegstrecken.

GW 7, § 72

Jugendliche Sehnsucht nach Welt und Leben, nach Erreichung hochgespannter Hoffnungen und ferner Ziele ist die offenkundige Zielstrebigkeit des Lebens, welche sich sofort in Lebensangst, neurotische Widerstände, Depressionen und Phobien verwandelt, wenn sie irgendwo an der Vergangenheit hängen bleibt oder vor Wagnissen zurückschreckt, ohne welche die gesteckten Ziele nicht erreicht werden können.

GW 8, § 798

Die Quellen der Probleme dieser Altersstufe sind uns allen bekannt. Es sind bei weitaus den meisten Menschen die Anforderungen des Lebens, welche den Kindheitstraum oft jäh unterbrechen. Bringt das Individuum eine genügende Vorbereitung mit, so kann sich der Übergang ins Berufsleben glatt vollziehen. Bestehen aber mit der Wirklichkeit kontrastierende Illusionen, so entstehen Probleme. Niemand tritt ins Leben ohne Voraussetzungen. Diese Voraussetzungen sind gelegentlich falsch, das heißt sie passen nicht auf die äußeren Bedingungen, denen man begegnet. Oft handelt es sich um zu große Erwartungen oder um Unterschätzung der äußeren Schwierigkeiten oder um unberechtigten Optimismus oder um Negativismus.

GW 8, § 761

Die Unternehmung der Persönlichkeitsentwicklung ist in der Tat ein unpopuläres Wagnis, ein unsympathisches Abseits von der breiten Straße, eine eremitenhafte Eigenbrödelei, wie es den Außenstehenden bedünken will. Kein Wunder daher, dass von jeher nur die Wenigen auf diese sonderbare Aventure verfallen sind. GW 17, § 298

Die Ganzheit ist keine Vollkommenheit, sondern eine Vollständigkeit. GW 16, § 452

DIE UNERBITTLICHEN FORDERUNGEN DES LEBENS

Ein Mensch, dessen Herz nicht gewandelt ist, wird das Herz keines anderen Menschen verändern.

GW 18 II, § 1396

Erwachsensein

Ich muss meine Antwort beibringen, sonst bin ich bloß auf die Antwort der Welt angewiesen. Das ist die überpersönliche Lebensaufgabe, die ich nur mit Mühe realisiere. **Erinnerungen, S. 321**

Individuation ist das gewöhnliche Leben und das, was man davon bewusst gemacht hat. Wenn das jemanden erstaunen sollte, hat er keine Ahnung davon, was das Leben für jeden bereithält. **Briefe II, S. 55**

Es gehört zur Unterscheidung des Ich und des Nicht-Ich, dass der Mensch in seiner Ich-Funktion *auf festen Füßen* stehe, das heißt *seine Pflicht gegenüber dem Leben erfülle, sodass er in jeder Hinsicht ein lebensfähiges Glied der menschlichen Gesellschaft ist.* Alles, was er in dieser Hinsicht vernachlässigt, fällt ins Unbewusste und verstärkt dessen Position, sodass er in Gefahr ist, davon verschluckt zu werden. Darauf stehen aber schwere Strafen. **GW 7, § 113**

Erst der erwachsene Mensch kann sich selbst zweifelhaft sein und daher auch mit sich selbst uneins werden.

GW 8, § 760

Es genügt zu wissen, dass die menschliche Seele sowohl individuell wie kollektiv ist und dass ihr Gedeihen nur dadurch möglich ist, dass diese beiden anscheinend kontradiktorischen Seiten zu einer natürlichen Zusammenwirkung gelangen. Innerhalb des rein instinktiven Lebens besteht dieser Konflikt natürlich nicht, trotzdem auch das rein körperliche Leben der individuellen wie der kollektiven Forderung zu genügen hat. Im sogenannten Instinkt, das heißt in der natürlichen unbewussten Einstellung, liegt bereits die Harmonie.

Der Körper und seine Fähigkeiten und Notwendigkeiten geben ohne Weiteres jene Bestimmungen und Begrenzungen, welche alle Maßlosigkeit und Disproportion verhindern. Auf den Körper gründet sich auch die geistige Individualität, die nie zustande kommen kann, wenn nicht die Rechte des Körpers anerkannt werden. Umgekehrt kann auch der Körper nicht gedeihen, wenn die geistige Eigenart nicht angenommen wird.

GW 7, § 486

Die vorwärtsstrebende Libido [...] verlangt Trennung von der Mutter; dem steht aber die Sehnsucht des Kindes nach der Mutter hindernd entgegen in der Form eines psychischen Widerstandes, der erfahrungsgemäß in der Neurose sich in allerhand Befürchtungen ausdrückt, das heißt in Angst vor dem Leben. Je mehr der Mensch sich von der Anpassungsleistung zurückzieht, desto größer wird seine Angst, die ihn auf seinem Weg dann überall und in zunehmendem Maß hindernd befällt. Die Angst vor Welt und Menschen verursacht natürlich auf dem Wege des circulus vitiosus ein vermehrtes Zurückweichen, das zum Infantilismus und »in die Mutter« zurückführt. Der Grund hierfür wird in der Regel nach außen, auf die äußeren Umstände projiziert, oder die Eltern werden verantwortlich gemacht. Es bleibt in der Tat zu untersuchen, wie viel Schuld im Fall eines Sohnes der Mutter, die ihn nicht entlassen will, zuzumessen ist. Der Sohn wird sich zwar durch das fehlerhafte Verhalten der Mutter zu erklären versuchen, unterlässt aber besser dergleichen untaugliche Versuche, durch Anschuldigung der Mutter (oder des Vaters) sich über seine eigene Unfähigkeit hinwegzutäuschen. **GW 5, § 456**

Das leidenschaftliche Begehren hat seine zwei Seiten: Es ist die Kraft, die alles verschönt und unter Umständen auch alles zerstört. Es ist daher begreiflich, dass ein heftiges Begehren entweder an sich schon von Angst begleitet ist oder von Angst gefolgt oder angekündigt wird. Leidenschaft führt Schicksale herbei und schafft damit Unwiderrufliches. Sie treibt das Rad der Zeit voran und belastet die Erinnerung mit unwiederbringlicher Vergangenheit. Die Angst vor dem Schicksal ist nur zu verständlich: Es ist ein Unabsehbares und Grenzenloses; es birgt unbekannte Gefahren, und das Zögern des Neurotischen, das Leben zu wagen, erklärt sich unschwer aus dem Wunsch, abseits stehen zu dürfen, um nicht in den gefährlichen Kampf verwickelt zu werden. Wer auf das Wagnis, zu erleben, verzichtet, muss den Wunsch dazu in sich ersticken, also eine Art von partiellem Selbstmord begehen. Daraus erklären sich die Todesfantasien, die den Verzicht auf das Begehren gerne begleiten. **GW 5, § 165**

Die Angst vor dem Leben ist kein imaginäres Gespenst, sondern eine sehr reale Panik, die nur deshalb so unverhältnismäßig aussieht, weil ihre wirkliche Quelle unbewusst und daher projiziert ist: Der junge Persönlichkeitsteil, der am Leben verhindert und zurückgehalten wird, erzeugt Angst und verwandelt sich in Angst. Die Angst scheint von der Mutter zu kommen, in Wirklichkeit ist es aber die Todesangst des instinktiven, unbewussten Menschen, der durch das anhaltende Zurückweichen vor der Wirklichkeit vom Leben ausgeschlossen ist. **GW 5, § 457**

Die Fortsetzung des Lebens geht immer von den Dingen aus, die noch unentwickelt sind. Das ist die ewig schöpferische Grundlage, aus der neue Entwicklungen entstehen. **Traumanalyse, S. 215**

Jede Wurzel in der Erde muss ihren Weg um einen Stein herum finden. Sie kann die falsche Richtung einschlagen. Sobald wir uns mit dem Gedanken des Wachstums und der Entwicklung auseinandersetzen, sind wir mit der Irrationalität der Natur konfrontiert. Jeder Rationalist hasst das, denn bei ihm müssen die Dinge sicher sein: »Keine Risiken, bitte.«

Traumanalyse, S. 287

Ich habe nämlich die Beobachtung gemacht, dass ein zielgerichtetes Leben im Allgemeinen ein besseres, reicheres, gesünderes ist als ein zielloses, und dass es besser ist, mit der Zeit vorwärts als gegen die Zeit rückwärts zu gehen. GW 8, § 792

Wir müssen bestimmte Dinge im Leben so leben, als seien sie dazu bestimmt, reife Früchte zu werden, und wenn sie nicht reifen, dann lassen wir sie eben fallen; wir müssen sie auf spielerische Weise aufnehmen, auf kindliche Weise, ohne Vorurteil. Sobald wir Vorurteile haben, schließen wir bestimmte Möglichkeiten aus, und das Leben ist nicht mehr reich.

Traumanalyse, S. 287

Alle jene Augenblicke des individuellen Lebens, wo die allgemeingültigen Gesetze menschlichen Schicksals die Absichten, Erwartungen und Anschauungen des persönlichen Bewusstseins durchbrechen, sind zugleich Stationen des Individuationsprozesses. Dieser Vorgang ist nämlich die spontane *Verwirklichung des ganzen Menschen.* Der ichbewusste Mensch bedeutet nur einen Teil des lebenden Ganzen, und sein Leben stellt noch keine Verwirklichung des Ganzen dar. Je mehr er bloßes Ich ist, desto mehr spaltet er sich vom kollektiven Menschen, der er auch ist, ab und gerät sogar in einen Gegensatz zu diesem. Da aber alles Lebende nach seiner Ganzheit strebt, so findet gegenüber der unvermeidlichen Einseitigkeit des Bewusstseinslebens eine beständige Korrektur und Kompensation vonseiten des allgemein menschlichen Wesens in uns statt, mit dem Ziel einer schließlichen Integration des Unbewussten im Bewusstsein oder besser, einer Assimilation des Ich an eine umfangreichere Persönlichkeit. **GW 8, § 557**

Die Persönlichkeit nämlich kann sich niemals entfalten, ohne dass man bewusst und mit bewusster moralischer Entscheidung *den eigenen Weg wählt.*

GW 17, § 296

Sich von der ganzen Welt abhängig fühlen, ist gut und schön, aber darauf kommt es nicht an. Worauf es ankommt, ist, dass Sie nicht abhängig sind und dass Sie sich als nicht abhängig zu fühlen beginnen. Sich abhängig fühlen ist reines Ausweichmanöver. Gerade durch eine solche Einstellung lähmen Sie sich, und das ist der Grund, warum Sie sich nicht auf eigene Füße stellen können. Der richtige Weg ist Ihr eigener Weg, und Sie müssen sich entschließen, diesen Weg zu gehen. Das würde Sie an irgendein Ziel bringen.

Briefe II, S. 80

Vom ehrlichen Bemühen und vom provisorischen Leben

Das ist ja gerade das Leidige und Lästige, dass der banale Alltag banale Forderungen an unsere Geduld, unsere Hingabe, Ausdauer, Aufopferung usw. erhebt, die man nur demütig und ohne irgendwelche Beifall erzielende, heroische Geste erfüllen muss, wozu es aber eines nach außen unsichtbaren Heldentums bedarf. Es glänzt nicht, wird nicht belobt und sucht immer wieder die Verborgenheit im alltäglichen Gewand. Das sind die Forderungen, die, wenn nicht erfüllt, die Neurose verursachen. **GW 7, § 72**

[Manche Männer sind] hartgesottene Sünder. Sie glauben an rationale Dinge, weil ihnen das Leben gezeigt hat, was sie wert sind; sie haben mit rationalen Mitteln eine Menge Geld gemacht und glauben natürlich an sie; sie glauben, dass man alles kaufen kann. Deshalb sind sie auch so hypochondrisch. Unlängst habe ich einen solchen Fall erlebt, einen großen Geschäftsmann, der zusammenbrach und hypochondrische Ideen entwickelte, er reiste ständig in der ganzen Welt umher auf der Suche nach einem Arzt, der ihn heilen kann. Er meinte, es müsse eine Heilung für seine Krankheit geben, weil man alles kaufen könne, deshalb müsse dieser große Arzt irgendwo existieren. Er versicherte mir, er würde jedes Honorar zahlen, wenn ich ihn behandeln würde. Ich könnte verlangen, was ich wollte. Geld würde es schaffen, und wenn nicht, dann einfach, weil nicht genug Geld geboten wurde. Ich erinnere mich an einen anderen reichen Mann, der nicht an den Tod glaubte. Er meinte ebenfalls, dass man das Leben kaufen könne und dass ein Verwandter, der an einer unheilbaren Krankheit litt, nicht zu sterben brauche; wenn man die besten Ärzte und Krankenhäuser kaufe, dann müsse niemand sterben, weil man es sich leisten könne, am Leben zu bleiben.

Traumanalyse, S. 673

Je hilfloser ein Mann, desto stärker wird der mütterliche Instinkt angesprochen, und es gibt keine Frau, die diesem Anruf widerstehen könnte. Aber zu viel Mütterlichkeit untergräbt die Psychologie eines Mannes auf gefährliche Weise. Alles, was Sie aus eigener Anstrengung gewinnen, wiegt hundert Jahre mit einer Analytikerin auf. Briefe II, S. 234

Aus der Berücksichtigung der Forderungen der Welt innen und außen, besser gesagt, aus ihrem Konflikt, ergibt sich das *Mögliche und Notwendige.* GW 7, § 327

Ich kann Ihnen kaum sagen, wie sehr mich die schreckliche Nachricht vom frühzeitigen Tod Ihres Sohnes erschüttert hat. [...] Das Leben ist ein Geheimnis. Manchmal beginnt es mit einem tiefen Nein zur eigenen Existenz, und das einzige Ziel scheint in seinem Ende zu liegen. In solchen Fällen kann man nur fragen: Was war vorher? Und was kommt danach? Gelegentlich erscheint ein Traum, der die Frage beantwortet.

Briefe III, S. 236

Der letzte Rest von etwas Göttlichem ist das ehrliche Bemühen des Menschen. **Traumanalyse, S. 662**

Das Bemühen der meisten Menschen ist nicht ehrlich, es ist Täuschung. Sie unternehmen heroische Versuche, dem wirklichen Versuch zu entkommen, denn der ist es, wovor sich die meisten Menschen fürchten. Das ehrliche Bemühen ist die schlimmste Gefahr. [...] Es ist ein Risiko, man stirbt, indem man lebt.

Es war einmal ein französischer Soldat, der ein sehr wackerer Mann war, ich meine, ein richtiger Mann, und sein Prinzip lautete, immer seiner Furcht zu folgen; wovor er Angst hatte, dort ging er hin, weil er es für seine Pflicht hielt. Nichts Törichtes, wie auf einen Schornstein zu klettern; das tut man nicht – es ist zu töricht. Er war Offizier in irgendeiner Garnison in Frankreich, und dort lernte er einen Mann kennen, der in der Fremdenlegion an der Grenze zwischen Algerien und Marokko gewesen war, der ihm alle möglichen schrecklichen Dinge darüber erzählte, ziemlich grausige Details, und dieser Offizier sagte sich, du hast Angst! Und so meldete er sich zu dieser afrikanischen Truppe. Später, als er im Urlaub durch Südfrankreich fuhr, besuchte er ein Trappistenkloster. Er wusste nichts über diesen Orden, nichts über die Regeln der Mönche, er wusste nur, dass sie nicht redeten, dass sie nur lebten, um zu sterben. Plötzlich erschien ihm das als das Furchtbarste, was man tun könne, es machte ihm eine Gänsehaut, und er sagte sich: Diese Burschen tun es, geh hin und werde ein Trappist. Gesagt, getan; und als Trappist hatte er wieder ein Erlebnis. Er hörte von bestimmten Trappistenmönchen, die allein nach Marokko gegangen waren, um dort unter den Stämmen Missionsarbeit zu leisten, und dass manche von ihnen grausam ermordet worden seien. Wieder empfand er Furcht, deshalb wurde er Missionar und ging nach Marokko, und er wurde ermordet. Das ist das Ende dieser Geschichte. Das war ein Mann, der offensichtlich herausgefunden hatte, dass seiner Furcht zu folgen für ihn das ehrliche Bemühen war. Ich weiß nicht, wie ein solches Leben zu bewerten ist, ich habe keine Möglichkeit herauszufinden, ob es wunderbar oder schön war. Ich erzähle Ihnen diese Geschichte nur, um Ihnen zu zeigen, dass dieser Mann immer der Spur seiner Angst folgte. Ob das richtig für ihn war, ist nicht an uns zu beurteilen. Ich nehme an, wenn ich diesen Mann getroffen hätte, wenn er zur Analyse zu mir gekommen wäre, dann ist es durchaus möglich, dass sich das als sein Leben erwiesen hätte. Ich habe viele Fälle erlebt, wo Menschen sagten: Glauben Sie wirklich, dass ich mich dem oder jenem unterziehen muss? Ich antworte: Ich weiß es nicht, wir müssen es herausfinden.

Traumanalyse, S. 664f.

Auf meinen zahlreichen Reisen bin ich Leuten begegnet, die sich auf ihrer dritten Weltreise befanden – ununterbrochen unterwegs. Stets auf Reisen und auf der Suche. In Zentralafrika habe ich eine Frau getroffen, die ganz allein im Auto von Cape Town heraufgekommen war und nach Kairo wollte. »Warum?« fragte ich sie. »Wozu wollen Sie das bloß tun?« Und ich war erstaunt, als ich ihr in die Augen sah – die Augen eines gehetzten, in die Enge getriebenen Tieres –, immer nur suchend, stets in der Hoffnung, etwas zu finden. Ich sagte: »Was in aller Welt suchen Sie? Worauf warten Sie, wonach jagen Sie denn?« Sie ist geradezu besessen; sie ist von allen Teufeln besessen, die sie herumhetzen. Und weshalb ist sie besessen? Weil sie ein sinnloses Leben führt. Ihr Leben ist völlig und auf groteske Weise banal, vollkommen wertlos, sinnlos und ohne jedes Ziel. Wenn sie heute umgebracht wird, ist nichts geschehen, nichts ist verschwunden – weil sie nichts gewesen ist! Aber wenn sie sagen könnte: »Ich bin die Tochter des Mondes. Jede Nacht muss ich dem Mond, meiner Mutter, über den Horizont helfen« – ja, das wäre etwas anderes! Dann ist sie lebendig, dann hat ihr Leben eine Bedeutung, für alle Zeit und für die Gesamtheit der Menschheit. Das gibt inneren Frieden, wenn Menschen das Gefühl haben, dass sie das symbolische Leben führen, dass sie Schauspieler im göttlichen Drama sind. Das ist das Einzige, was dem menschlichen Leben einen Sinn verleiht; alles andere ist banal, und man kann es beiseitelassen. Eine Karriere und das Zeugen von Kindern, das alles ist maja [Täuschung] im Vergleich mit dem einen, dass unser Leben Sinn hat. **GW 18 I, § 630**

Wenn Sie einsam sind, so liegt das daran, dass Sie sich isolieren; sind Sie bescheiden genug, dann bleiben Sie niemals einsam. Nichts isoliert uns mehr als Macht und Prestige. Versuchen Sie, herabzusteigen und Bescheidenheit zu lernen, und Sie werden nie allein sein!

Briefe III, S. 93

Unter dem Einfluss der naturwissenschaftlichen Voraussetzung erleidet nicht nur die Psyche, sondern der individuelle Mensch, ja das individuelle Ereignis überhaupt eine Nivellierung und Unkenntlichmachung, welche das Wirklichkeitsbild zu einer Durchschnittsidee entstellt. Man darf die psychologische Wirksamkeit des statistischen Weltbildes nicht unterschätzen: Es verdrängt das Individuelle zugunsten anonymer Einheiten, die sich in Massengruppierungen aufhäufen. Damit treten an die Stelle des konkreten Einzelwesens Namen von Organisationen und an höchste Stelle der abstrakte Begriff des Staates als das Prinzip der politischen Realität. Unvermeidlich wird damit die moralische Verantwortlichkeit des Einzelnen durch die Staatsräson ersetzt. An die Stelle der moralischen und geistigen Differenzierung des Individuums treten öffentliche Wohlfahrt und Erhöhung des Lebensstandards. Das Ziel und der Sinn des Einzellebens (welches ja das einzig wirkliche Leben ist!) liegt nicht mehr in der individuellen Entwicklung, sondern in der von außen dem Menschen aufgepressten Staatsräson, nämlich in der Durchführung eines abstrakten Begriffes, der die Tendenz hat, schließlich alles Leben an sich zu ziehen. Dem Individuum wird die moralische Entscheidung und Führung seines Lebens zunehmend entzogen, und es wird dafür als soziale Einheit verwaltet, ernährt, gekleidet, ausgebildet, in entsprechenden Unterkunftseinheiten logiert und amüsiert, wofür das Wohlbefinden und die Zufriedenheit der Masse den idealen Maßstab abgeben. Die Verwalter ihrerseits sind ebensolche soziale Einheiten wie die Verwalteten und zeichnen sich nur dadurch aus, dass sie spezialisierte Vertreter der Staatsdoktrin sind. Diese braucht keine urteilsfähigen Persönlichkeiten, sondern durchwegs Spezialisten, die außerhalb ihres Faches nicht verwendungsfähig sind. Die Staatsräson entscheidet, was gelehrt und was studiert werden soll. **GW 10, § 499**

Wenn das Leben eines Menschen sich zur Hälfte aus Glück und zur anderen aus Unglück zusammensetzt, so ist das wohl das Optimum, das erstrebt werden kann, und es bleibt für immer eine ungelöste Frage, ob das Leiden mehr erzieht oder mehr demoralisiert.

Briefe II, S. 484f.

[Es ist durchaus] möglich, dass ein Mann die Einstellung beibehält, die er hatte, als sein Vater noch lebte, und in einer provisorischen Weise weiterlebt. Wir haben alle dasselbe getan. Fragen Sie sich, ob das nicht auch für Sie gilt. Es ist die größte Versuchung, von der Annahme auszugehen, dass sich »die Dinge irgendwie arrangieren werden«, und danach zu leben. Das ist ein Vaterkomplex, ein positiver. Wenn ein Mensch einen negativen Vaterkomplex hat, dann glaubt er, dass sich nichts im Leben für ihn arrangieren wird.

Traumanalyse, S. 192

Ich habe zwei Fälle von Söhnen erlebt, die zusammenbrachen, als ihr Vater starb. Sie hatten das provisorische Leben geführt und es für die Realität gehalten. Als ihnen der Vater genommen wurde, brachen sie daher zusammen.

Das erinnert mich an eine Geschichte von ALPHONSE DAUDET, *Tartarin de Tarascon*. Tartarin war der größte Angeber und Windbeutel in der ganzen Provence. Er ist zwar Mitglied des Alpenvereins, aber er hat noch nie Berge in der Schweiz bezwungen, deshalb beschließt er, hinzufahren und den Rigi zu besteigen. Er trifft mit einem Sonnenhelm und der gesamten Ausrüstung des erfahrenen Bergsteigers ein. Er muss feststellen, dass eine Zahnradbahn bis auf den Gipfel führt; und es wimmelt von uninteressanten englischen Touristen. Er besäuft sich und wettert gegen so viel Dummheit, dann hört er, dass der Rigi keineswegs der höchste Berg sei, er solle es mit der Jungfrau versuchen. Also macht er sich mit zwei Bergführern auf den Weg. Es besteht nicht die geringste Gefahr, alles ist von der Compagnie Anglo-Suisse für Touristen eingerichtet. Er lacht, es ist alles so leicht, dann fährt er nach Hause und erzählt die haarsträubendsten Lügen über seine Abenteuer. Einer seiner Freunde bezweifelt die Wahrheit dieser Geschichten und fordert ihn heraus, den Mont Blanc ohne Führer zu besteigen. Die zwei machen sich also auf den Weg, und Tartarin merkt sehr bald, dass es diesmal ernst ist, dass es ein Duell auf Leben und Tod ist. Sie verirren sich im mer de glace, Nebelschwaden steigen auf, alles ist finster und angsterregend! Wenn wir abstürzen, sterben wir. Bei Gott, das ist wirklich! Sie seilen sich an und versuchen, auf dem Gletscher zu gehen. Plötzlich spürt Tartarin einen Ruck am Seil; er zieht blitzschnell sein Taschenmesser und schneidet das Seil hinter sich durch und steht jetzt da mit seinem Schwänzchen. Nachdem er dem Tod mehrmals um Haaresbreite entronnen ist, schafft er es, nach Chamonix zurückzukriechen. Zu Hause erzählt er seinen Freunden von seiner Waghalsigkeit und seinem Mut, und dass sein Gefährte in seinen Armen gestorben sei. Mehrere Tage danach tauchte sein Freund auf und sagte ganz erstaunt: »Aber du bist ja gar nicht tot!« Des Rätsels Lösung offenbarte sich, als die Bergführer das Seil fanden, das an beiden Enden abgeschnitten war. Dies ist ein Beispiel für provisorisches Leben.

Traumanalyse, S. 191f.

Vater- wie Mutterkomplexe projizieren eine Menge Energie in unpersönlicher oder überpersönlicher Weise. Es ist, als ob ich bestimmte eigene Qualitäten jemand anderem zuschreiben würde, als ob sie dieser anderen Person und nicht mir gehörten. Warum tun wir das? Ist da ein Gewinn dabei? Ein Verlust? [... Man hat] den Vorteil, ein provisorisches Leben führen zu können. Wenn ich ein Vermögen geerbt hätte, was glücklicherweise nicht der Fall ist, und es verschenken könnte, dann würde ich zwar das Vermögen verlieren, aber gleichzeitig hätte ich auch nicht die Verantwortung dafür. Wenn wir also unsere Eigenschaften auf den Vater projizieren können, dann sind wir der Verantwortung für sie ledig und können das provisorische Leben führen. Wir können ungestört leben, weil wir dem Vater all die Eigenschaften überlassen haben, für die wir allein verantwortlich sind.

Traumanalyse, S. 195

Ich gebe zu, es ist nicht leicht, die richtige Formel zu finden; aber wenn man sie findet, hat man ein Ganzes aus sich gemacht, und das ist, glaube ich, der Sinn des menschlichen Lebens. **Briefe I, S. 298**

Wer ein provisorisches Leben führt, befindet sich in einer Metallhülse, es gibt keinen Zugang zu ihm.

Traumanalyse, S. 200

Bewusstwerden

[Jener] biblische Sündenfall lässt das Bewusstwerden als einen Fluch erscheinen. Und als solcher erscheint uns in der Tat jedes Problem, das uns zu größerer Bewusstheit nötigt und uns dadurch das Paradies kindhafter Unbewusstheit in noch größere Entfernung rückt. **GW 8, § 751**

Wo es sich um Probleme handelt, da weigern wir uns instinktiv, durch Dunkelheiten und Unklarheiten hindurchzugehen. Wir wünschen nur von eindeutigen Resultaten zu hören und vergessen dabei völlig, dass diese Resultate überhaupt nur dann existieren können, wenn wir die Dunkelheit durchschritten haben. Um aber die Dunkelheit durchdringen zu können, müssen wir alles aufbieten, was unser Bewusstsein an Erleuchtungsmöglichkeiten besitzt. **GW 8, § 752**

Es war gewiss eine große Zweckmäßigkeit für den Menschen, überhaupt imstande zu sein, seinem Leben Richtung zu geben. Die Erlangung der Vernünftigkeit sei die größte Errungenschaft der Menschheit, kann man mit Fug und Recht behaupten. Aber es ist nicht gesagt, dass es unter allen Umständen so weitergehen müsse oder werde. **GW 7, § 72**

Gibt es denn eine Berufung oder ein sinnvolles Leben, das nicht irgendwelche Opfer verlangt? Auf der Suche nach Bewusstheit gibt es nirgends absolute Sicherheit. Zweifel und Unsicherheit sind unerlässliche Komponenten eines vollständigen Lebens. Nur wer sein Leben wirklich verlieren kann, wird es gewinnen. Ein »vollständiges« Leben besteht nicht in theoretischer Vollständigkeit, sondern darin, dass man vorbehaltlos gerade das Schicksalsgewebe akzeptiert, in das man sich verflochten sieht, dass man versucht, einen Sinn hineinzubringen und aus dem chaotischen Durcheinander, in das man geboren ist, einen Kosmos zu erschaffen. Lebt man das Leben richtig und ganz, dann gerät man immer wieder in eine Situation, bei der man meint: »Das ist zu viel. Ich kann es nicht länger ertragen.« Dann ist die Frage zu beantworten: »Kann man es wirklich nicht ertragen?« **Briefe II, S. 394**

Wir beginnen die Natur des Konflikts als ein moralisches und geistiges Problem zu erkennen und bemühen uns, irgendeine Lösung dafür zu finden. Wir werden uns langsam der Tatsache bewusst, dass atomare Rüstung eine verzweifelte und unerwünschte

Lösung darstellt, weil sie ein zweischneidiges Schwert ist. Wir begreifen, dass moralische und geistige Mittel schon insofern wirksamer sein würden, als sie uns gegen die immer mehr um sich greifende Infektion psychisch immunisieren könnten. Aber alle diese Bemühungen erweisen sich als höchst unwirksam und werden es auch so lange bleiben, als wir uns und die Welt zu überzeugen versuchen, dass sie, unsere Gegenspieler, moralisch und philosophisch völlig im Unrecht sind. Wir erwarten, dass sie sich erkennen und ihre Irrtümer einsehen sollen, statt dass wir selbst uns ernsthaft darum bemühen, unseren Schatten und seine dunklen Machenschaften zu erkennen. Könnten wir unseren Schatten sehen, so wären wir gegen jegliche moralische und geistige Infektion und Unterwanderung immunisiert. Aber solange dies nicht der Fall ist, sind wir jeder Ansteckung ausgesetzt, denn wir tun ja praktisch das Gleiche wie sie, nur mit dem zusätzlichen Nachteil, dass wir weder sehen noch sehen wollen, was wir unter dem Deckmantel unserer guten Manieren eigentlich treiben. **GW 18 I, § 562**

Wir glauben an den Wohlfahrtsstaat, an den Weltfrieden, mehr oder weniger an die Gleichberechtigung aller Menschen, an die ewiggültigen Menschenrechte, an Gerechtigkeit und Wahrheit und (nicht zu laut) an das Reich Gottes auf Erden.

In Wirklichkeit ist es traurige Wahrheit, dass unsere Welt und das Leben aus unerbittlichen Gegensätzen besteht, aus Tag und Nacht, Wohlergehen und Leid,

Geburt und Tod, Gut und Böse. Wir sind nicht einmal sicher, dass eines das andere aufwiegt, das Gute das Böse oder die Freude den Schmerz. Leben und Welt sind ein Schlachtfeld, waren es immer schon und werden es immer sein, und wäre dies nicht der Fall, so würde das Dasein bald ein Ende nehmen. Einen ausgewogenen Zustand gibt es nirgends. **GW 18 I, § 563**

Der Zweifel ist die Krone des Lebens, weil in ihm Wahrheit und Irrtum zusammenkommen. Zweifel ist Leben, Wahrheit ist manchmal Tod und Stagnation. Wenn wir zweifeln, haben wir die größte Chance, die dunklen und hellen Seiten des Lebens miteinander zu vereinigen. **Traumanalyse, S. 117f.**

Nach meiner persönlichen Auffassung ist die Lebensenergie oder die Libido des Menschen das göttliche Pneuma, und es war meine geheime Absicht, diese Überzeugung dem Verständnis meiner Kollegen nahezubringen. **Briefe I, S. 175**

Der Paradoxie des Lebens ist keine Regel gewachsen. Die moralische Regel stellt, wie das Naturgesetz, nur einen Teilaspekt der Wirklichkeit dar. Alle Überlegungen dieser Art hindern aber ganz und gar nicht, dass man selbst gewissen »regelmäßigen« Gewohnheiten *unbewussterweise* folgt, was man selbst nicht merkt, sondern nur durch vorsichtige Befragung der Umwelt in Erfahrung bringen kann. Selten aber gelüstet es einen, das, was man über sich selbst nicht wissen möchte, durch Zeugen feststellen zu lassen, und man zieht es vor, sich dafür eine Regel aufzustellen, die in diametralem Gegensatz steht zu dem, was man in Wirklichkeit tut. **GW 18 II, § 1430**

Leben und Geist sind zwei Mächte oder Notwendigkeiten, zwischen die der Mensch hineingestellt ist. Der Geist gibt seinem Leben Sinn und die Möglichkeit größter Entfaltung. Das Leben aber ist dem Geist unerlässlich, denn seine Wahrheit ist nichts, wenn sie nicht leben kann. **GW 8, § 648**

Ich muss gestehen, dass ich nicht weiß, was Geist schlechthin ist, ebenso wenig weiß ich, was Leben ist. Ich kenne »Leben« nur in Gestalt des lebenden Körpers; was es dagegen an und für sich, in einem abstrakten Zustand, außer einem bloßen Wort noch sein könnte, vermag ich nicht einmal dunkel zu ahnen. So muss ich wohl zunächst, statt von Leben, vom lebenden Körper und statt von Geist vom Seelischen reden.

GW 8, § 604

Viele Leute erkennen niemals, was sie wirklich sind, dank ihrer Schubladenpsychologie. Sie haben immer das großartige gute Gewissen des Verbrechers; sie ziehen nicht Bilanz, betrachten ihr Leben nicht als ein Ganzes. Ich habe Leute bei ihrer Beschreibung durch Freunde oder beim Wiederlesen ihres Tagebuchs oft sagen hören: »Ich war entsetzt, als ich all das hörte!« Aber häufiger lassen es die Menschen nicht dazu kommen – sie fürchten es zu sehr.

Zum Beispiel ist einmal ein sehr extravertierter Mann zu mir gekommen. Er war von frühmorgens bis spätabends beschäftigt, deshalb sagte ich zu ihm: »Sie sollten täglich wenigstens eine Stunde lang still sitzen und darüber nachdenken, was Sie tun.« Er antwortete: »Nun, ich könnte mit meiner Frau Klavier spielen oder ihr vorlesen oder Karten spielen.« Er konnte sich nicht von der Vorstellung losreißen, dass jemand bei ihm sein sollte. Als ich ihm schließlich klarmachte, dass ich meinte, er solle allein sein, sagte er: »Dann werde ich ziemlich melancholisch.« Ich sagte: »Jetzt sehen Sie, welche Art von Gesellschaft Sie für sich selbst sind. Ich möchte, dass Sie sehr deprimiert werden und erkennen, was Sie leben.« Dazu war er nicht bereit. Dieser Mann führte ein erstaunliches Leben in einzelnen Kammern. Wenn er mit sich allein war, dann war er in der schlechtestmöglichen Gesellschaft; ein Lebensteil nach dem anderen machte sich bemerkbar, und er konnte es einfach nicht ertragen. Es gibt Leute, die vor ihrem ganzen Leben davonrennen.

Traumanalyse, S. 254

Wenn man den rasenden Lebenswillen aufgeben kann und wenn es einem vorkommt, als fiele man in bodenlosen Nebel, dann beginnt das wahre Leben mit allem, wozu man gemeint war und was man nie erreichte. Das ist etwas unaussprechlich Großes. **Briefe I, S. 443**

Die Welt kommt zum Stillstand ohne Konflikte. Dies wirft ein Licht auf die Theorie der Komplexe. Wohlmeinende Menschen nehmen an, dass die Analyse erfunden wurde, durch göttliche Fügung, damit die Menschen von ihren Komplexen befreit würden. Aber ich behaupte, dass es ohne Komplexe keine Energie geben kann. Sie sind der Brennpunkt, ja geradezu die Mutter der Energie. Jenes kann also unmöglich die Aufgabe der Analyse sein – wenn Gott das gemeint hätte, dann würde er das ganze Karussell zum völligen Stillstand bringen. **Traumanalyse, S. 460**

Nur hier, im irdischen Leben, wo die Gegensätze zusammenstoßen, kann das allgemeine Bewusstsein erhöht werden. Das scheint die metaphysische Aufgabe des Menschen zu sein, die er aber ohne »mythologein« nur teilweise erfüllen kann. Der Mythos ist die unvermeidliche und unerlässliche Zwischenstufe zwischen dem Unbewussten und der bewussten Erkenntnis.

Erinnerungen, S. 340

Der unerträglich scheinende Konflikt beweist die Richtigkeit Ihres Lebens. Denn ein Leben ohne inneren Widerspruch ist entweder erst das halbe Leben oder ein Leben im Jenseits, das aber nur für Engel bestimmt ist. Gott liebt aber die Menschen mehr als die Engel. **Briefe I, S. 463**

Religiöse Erfahrung

[Es gibt] in unserer Zeit unzählige Menschen, die ihren Glauben an die eine oder andere der Weltreligionen verloren haben. Sie finden keinen Zugang mehr zu ihnen. Während das Leben ohne sie reibungslos weitergeht, bleibt der Verlust so gut wie unbemerkt. Bricht aber das Leid über einen herein, verändern sich die Verhältnisse oft schlagartig. Dann sucht man nach Auswegen und beginnt über den Sinn des Lebens und die bestürzenden Erfahrungen, die es mit sich bringt, nachzudenken. **GW 18 1, § 565**

Religiöse Erfahrung ist absolut. Man kann darüber nicht disputieren. Man kann nur sagen, dass man niemals eine solche Erfahrung gehabt habe, und der Gegner wird sagen: »Ich bedaure, aber ich hatte sie.« Und damit wird die Diskussion zu Ende sein. Es ist gleichgültig, was die Welt über die religiöse Erfahrung denkt; derjenige, der sie hat, besitzt den großen Schatz einer Sache, die ihm zu einer Quelle von Leben, Sinn und Schönheit wurde und die der Welt und der Menschheit einen neuen Glanz gegeben hat. Er hat Pistis [Glauben und Vertrauen] und Frieden. Wo ist das Kriterium, welches zu sagen erlaubte, dass solch ein Leben nicht legitim, dass solch eine Erfahrung nicht gültig und solch eine Pistis bloße Illusion sei? Gibt es tatsächlich irgendeine bessere Wahrheit über letzte Dinge als diejenige, die einem hilft zu leben?

GW 11, § 167

Das ist das Geheimnis der katholischen Kirche: dass sie einen bis zu einem gewissen Grad immer noch ein sinnvolles Dasein führen lässt. Wenn man zum Beispiel täglich das Opfer mit ansehen kann, wenn man an seiner Substanz teilhaben kann, dann ist man mit der Gottheit erfüllt, und man wiederholt jeden Tag das ewige Opfer Christi. Was ich hier sage, sind natürlich bloß Worte, doch für den Menschen, der das wirklich lebt, bedeutet es eine Welt. Es bedeutet mehr als die Welt, weil es für ihn sinngebend ist. Es bringt das Verlangen der Seele zum Ausdruck; es drückt die Grundtatsachen unseres unbewussten Lebens aus. Wenn der Weise sagt: »Die Natur verlangt den Tod«, dann hat er genau das damit gemeint. **GW 18 I, § 631**

Es gibt eine schöne alte Legende von einem Rabbi, zu dem ein Schüler kam und fragte: »Früher gab es Menschen, die Gott von Angesicht gesehen haben; warum gibt es sie heute nicht mehr?« Da antwortete der Rabbi: »Weil sich heute niemand mehr so tief bücken kann.« Man muss sich schon etwas bücken, um aus dem Strom zu schöpfen. **Erinnerungen, S. 386**

Aber was ist der Unterschied zwischen einer realen Illusion und einer heilenden religiösen Erfahrung? Es ist bloß ein Unterschied in Worten. Man kann zum Beispiel sagen, das Leben sei eine Krankheit mit einer sehr schlechten Prognose: Es zieht sich jahrelang hin, um mit dem Tod zu enden; oder die Normalität sei ein allgemein vorherrschender, konstitutioneller Defekt; oder der Mensch sei ein Tier mit einem verhängnisvoll überentwickelten Gehirn. Diese Art des Denkens ist das Vorrecht von gewohnheitsmäßigen Nörglern mit schlechter Verdauung. Niemand kann wissen, was die letzten Dinge sind. Wir müssen sie deshalb so nehmen, wie wir sie erfahren. Und wenn eine solche Erfahrung dazu hilft, das Leben gesünder oder schöner oder vollständiger oder sinnvoller zu gestalten, für einen selbst und für die, die man liebt, so kann man ruhig sagen: »Es war eine Gnade Gottes.« **GW 11, § 167**

[Meine Werke] sind im Grunde genommen nichts anderes als immer erneute Versuche, eine Antwort auf die Frage nach dem Zusammenspiel von »Diesseits« und »Jenseits« zu geben. Ich habe aber nie expressis verbis über ein Leben nach dem Tod geschrieben; denn dann hätte ich meine Gedanken belegen müssen, und das kann man nicht. Nun, jetzt spreche ich sie eben aus.

Ich kann aber auch jetzt nicht mehr tun als Geschichten darüber erzählen – »mythologein«. Vielleicht braucht es die Nähe des Todes, um die Freiheit zu erlangen, die dazu nötig ist. **Erinnerungen, S. 327**

Ein Mensch, dessen Herz nicht gewandelt ist, wird das Herz keines anderen Menschen verändern.

GW 18 I, § 1396

Wenn die Psyche des Menschen etwas ist, so ist sie unabsehbar kompliziert und von einer unbeschränkten Mannigfaltigkeit, der mit bloßer Triebpsychologie unmöglich beizukommen ist. Ich kann nur in tiefster Bewunderung und Ehrfurcht anschauend stillstehen vor den Abgründen und Höhen seelischer Natur, deren unräumliche Welt eine unermessliche Fülle von Bildern birgt, welche Jahrmillionen lebendiger Entwicklung aufgehäuft und organisch verdichtet haben. Mein Bewusstsein ist wie ein Auge, das fernste Räume in sich fasst, das psychische Nicht-Ich aber ist das, was diesen Raum unräumlich erfüllt. Und diese Bilder sind nicht blasse Schatten, sondern mächtig wirkende seelische Bedingungen, die wir nur missverstehen, aber niemals durch Leugnung ihrer Macht berauben können. Neben diesem Eindruck vermöchte ich nur noch den Anblick des gestirnten nächtlichen Himmels stellen, denn das Äquivalent der Welt innen ist nur die Welt außen, und wie ich diese Welt durch das Medium des Körpers erreiche, so erreiche ich jene Welt durch das Medium der Seele. GW 4, § 764

Es gibt ein irrationales, inneres, psychisches Leben, das sogenannte »geistige Leben«, von dem, mit Ausnahme einiger »Mystiker«, fast niemand mehr etwas weiß oder wissen will. Das »innere Leben« wird meist als Unsinn betrachtet und soll tunlichst ausgeschaltet werden. Merkwürdigerweise gilt das heute für den Osten ebenso wie für den Westen. Und doch liegt im Innern des Menschen der Ursprung und der unversiegbare Quell für Yoga, Zen und viele andere geistige Strömungen des Ostens und des Westens.

Briefe III, S. 348

MITTE DES LEBENS

Nur im Einzelnen kann das Leben seinen Sinn erfüllen.

GW 16, § 229

In der jugendlichen Expansion erscheint uns das Leben als ein immer breiter werdender Strom, und diese Überzeugung begleitet uns oft noch weit über den Mittag unseres Daseins hinaus. Doch wenn wir auf die leiseren Stimmen unserer tieferen Natur hören, werden wir uns der Tatsache bewusst, dass schon bald nach der Lebensmitte die Seele ihr geheimnisvolles Werk beginnt und den Abschied vorbereitet. Aus dem Getümmel und der Wirrnis unseres Lebens beginnt sich die eine kostbare Blüte des Geistes zu entfalten, die vierblättrige Blüte des unsterblichen Lichtes, und selbst wenn unser sterbliches Bewusstsein dieses geheimnisvollen Vorgangs nicht gewahr sein sollte, vollbringt er doch in der Stille sein Läuterungswerk.

GW 18 II, § 1707

Der Wege, die zur Bewusstwerdung führen, sind manche, aber sie folgen doch gewissen Gesetzen. Im Allgemeinen beginnt die Wandlung mit dem *Anbruch der zweiten Lebenshälfte*. Die Mitte des Lebens ist eine Zeit höchster psychologischer Wichtigkeit. Das Kind beginnt sein psychologisches Leben im Engsten, im Bannkreis der Mutter und der Familie. Mit fortschreitender Reifung erweitern sich der Horizont und die eigene Einflusssphäre. Hoffnung und Absicht zielen auf Erweiterung der persönlichen Macht- und Besitzsphäre, das Begehren greift nach der Welt in immer weiterem Umfang. Der Wille des Individuums wird immer mehr identisch mit den Naturzwecken der unbewussten Motivationen.

So haucht der Mensch den Dingen gewissermaßen sein Leben ein, bis sie schließlich anfangen, von selbst zu leben und sich zu vermehren, und unmerklich wird er von ihnen überwachsen. Mütter werden von ihren Kindern überholt, Männer von ihren Schöpfungen, und was erst mühsam, vielleicht mit größter Anstrengung ins Dasein gebracht wurde, kann nicht mehr angehalten werden. Erst war es Leidenschaft, dann wurde es Verpflichtung, und schließlich wird es unerträgliche Last, ein Vampir, der das Leben seines Schöpfers in sich gesogen hat. Die Mitte des Lebens ist der Moment größter Entfaltung, wo der Mensch noch mit seiner ganzen Kraft und seinem ganzen Wollen in seinem Werk steht. Aber in diesem Augenblicke auch wird der Abend geboren, die zweite Lebenshälfte beginnt. Die Leidenschaft ändert ihr Gesicht und heißt jetzt Pflicht, das Wollen wird unerbittlich zum Muss, und die Wendungen des Weges, die früher Überraschung und Entdeckung waren, werden zur Gewohnheit. Der Wein hat vergoren und beginnt sich zu klären. Man entwickelt konservative Neigungen, wenn alles wohl steht. Statt vorwärts blickt man häufig unwillkürlicherweise rückwärts und beginnt, sich Rechenschaft zu geben über die Art und Weise, wie sich das Leben bisher entwickelt hat. Man sucht nach seinen wirklichen Motivationen und macht Entdeckungen. Die kritische Betrachtung seiner selbst und seines Schicksals lässt den Menschen seine Eigenart erkennen. Aber diese Erkenntnisse fließen ihm nicht ohne Weiteres zu. Nur durch gewaltsame Erschütterungen werden solche Erkenntnisse gemacht. **GW 17, § 331a**

Man hält den Zeiger an und bildet sich ein, die Zeit stehe dann still. Ist man mit einiger Verspätung schließlich doch auf einem Gipfel gelangt, so setzt man sich psychologisch auch dort wieder zur Ruhe.

GW 8, § 799

Der Durchgang von der Vergangenheit in die Zukunft geht durch den Tod. **Kinderträume, S. 103**

Ein vertieftes Wissen über die Seele und ihre Geheimnisse könnte Sie von der Faszination befreien, unter der Sie leiden. In der zweiten Lebenshälfte sollte man die innere Welt kennenlernen. Das ist ein allgemeines Problem. **Briefe III, S. 140**

Die großen Lebensprobleme sind nie auf immer gelöst. Sind sie es einmal anscheinend, so ist es immer ein Verlust. Ihr Sinn und Zweck scheint nicht in ihrer Lösung zu liegen, sondern darin, dass wir unablässig an ihnen arbeiten. Das allein bewahrt uns vor Verdummung und Versteinerung. So ist auch die Lösung der Probleme des Jugendalters durch die Beschränkung auf das Erreichbare nur temporär gültig und im Grunde genommen nicht von Dauer. Es ist unter allen Umständen eine ganz erhebliche Leistung, sich eine soziale Existenz zu erkämpfen und seine ursprüngliche Natur so umzuformen, dass sie in diese Existenzform mehr oder weniger hineinpasst. Es ist ein Kampf nach innen und außen. GW 8, § 771

Dass der Gipfel des Lebens durch die Symbolik des Todes ausgedrückt wird, ist eine bekannte Tatsache, denn das Sich-selber-Überwachsen bedeutet einen Tod. GW 5, § 432

Unser Leben ist nicht von uns allein gemacht. Zum größten Teil entstand es aus uns verborgenen Quellen. Sogar Komplexe können ein Jahrhundert oder länger vor der Geburt ihren Anfang nehmen. Es gibt so etwas wie ein Karma. Briefe II, S. 47

Ich glaube, dass Leiden ein wesentlicher Bestandteil des menschlichen Lebens ist, ohne den wir niemals irgendetwas tun würden. Briefe I, S. 299

Was sich hier und da in dieser Hinsicht ereignete, nämlich dass einer aus dunkeln Möglichkeiten sich selbst überwuchs, wurde mir zu wertvollster Erfahrung. Ich hatte nämlich inzwischen einsehen gelernt, dass die größten und wichtigsten Lebensprobleme im

Grunde genommen alle unlösbar sind; sie müssen es auch sein, denn sie drücken die notwendige Polarität, welche jedem selbstregulierenden System immanent ist, aus. Sie können nie gelöst, sondern nur überwachsen werden. Ich fragte mich daher, ob diese Möglichkeit des Überwachsens, nämlich der weiteren seelischen Entwicklung, nicht überhaupt das normale Gegebene und darum das Steckenbleiben an oder in einem Konflikt das Krankhafte sei. Jeder Mensch müsste eigentlich jenes höhere Niveau wenigstens als Keim besitzen und diese Möglichkeit unter günstigen Umständen entwickeln können. **GW 13, § 18**

Die Erfahrung gab mit insofern recht, als ich des Öfteren sah, wie Menschen ein Problem einfach überwuchsen, an dem andere völlig scheiterten. Dieses »Überwachsen«, wie ich es früher nannte, stellte sich bei weiterer Erfahrung als eine Niveauerhöhung des Bewusstseins heraus. Irgendein höheres und weiteres Interesse trat in den Gesichtskreis, und durch diese Erweiterung des Horizontes verlor das unlösbare Problem die Dringlichkeit. Es wurde nicht in sich selbst logisch gelöst, sondern verblasste gegenüber einer neuen und stärkeren Lebensrichtung. Es wurde nicht verdrängt und unbewusst gemacht, sondern erschien bloß in einem anderen Licht, und so wurde es auch anders. Was auf tieferer Stufe Anlass zu den wildesten Konflikten und zu panischen Affektstürmen gegeben hätte, erschien nun, vom höheren Niveau der Persönlichkeit betrachtet, wie ein Talgewitter vom Gipfel eines hohen Berges aus gesehen. Damit ist dem Gewittersturm nichts von seiner Wirklichkeit genommen, aber man ist nicht mehr darin, sondern darüber.

GW 13, § 17

Für den erwachsenen Menschen der zweiten Lebenshälfte [...] ist die beständige Erweiterung des Lebens offenkundig nicht mehr das richtige Prinzip, denn der Abstieg am Nachmittag des Lebens verlangt Vereinfachung, Einschränkung und Verinnerlichung, das heißt also individuelle Kultur. GW 8, § 113

Unser Leben ist wie der Sonnenlauf. Am Morgen gewinnt die Sonne stetig an Kraft, bis sie zuletzt strahlend und heiß die Mittagshöhe erreicht. Dann kommt die Enantiodromie [das Auseinandergerissensein in die Gegensatzpaare]. Ihre stetige Vorwärtsbewegung bedeutet nicht mehr Zu-, sondern Abnehmen der Kraft. So ist unsere Aufgabe beim jugendlichen Menschen eine andere als beim alternden Menschen. Bei Ersterem genügt es, alle Hindernisse, die die Ausdehnung und den Aufstieg erschweren, wegzuräumen; bei Letzterem aber müssen wir alles fördern, was den Abstieg unterstützt. Ein jugendlich Unerfahrener denkt wohl, man könne die Alten gehen lassen, mit denen sei sowieso nichts mehr los, die hätten ihr Leben hinter sich und taugten nur noch als petrifizierte Stützen der Vergangenheit. Es ist aber ein großer Irrtum, anzunehmen, dass der Sinn des Lebens mit der Jugend und Ausdehnungsphase erschöpft [...] sei. **GW 7, § 114**

Wer es aber darauf abgesehen hätte, alles, was wachsen will, zum äußersten Gedeihen zu bringen, der wird es bald erleben, dass das Unkraut, das stets am besten gedeiht, ihm über den Kopf wächst. Ich erachte es daher für die vornehmste Aufgabe der Psychotherapie in unserer Gegenwart, unentwegt dem Ziel der Entwicklung des Einzelnen zu dienen. Damit folgt unsere Bemühung dem Streben der Natur, in jedem Individuum die größtmögliche Fülle des Lebens zu entfalten, denn nur im Einzelnen kann das Leben seinen Sinn erfüllen, nicht aber im Vogel, der in einem vergoldeten Käfig sitzt. **GW 16, § 229**

Es gibt immer einen Fehler im Kristall. Die Vollkommenheit erreichen wir nie. **GW 18 I, § 212**

Der Nachmittag des menschlichen Lebens ist ebenso sinnreich wie der Vormittag, nur sind sein Sinn und seine Absicht ganz andere. Der Mensch hat zweierlei Zwecke; der erste ist der Naturzweck, die Erzeugung von Nachkommenschaft und alle Geschäfte des Brutschutzes, wozu Gelderwerb und soziale Stellung gehören. Wenn dieser Zweck erschöpft ist, beginnt eine andere Phase: der *Kulturzweck*. Zur Erreichung des ersten Zieles hilft die Natur und überdies die Erziehung; zur Erreichung des letzteren Zieles hilft uns wenig oder nichts. **GW 7, § 114**

Mit der Erlangung der Reife und des Höhepunktes des biologischen Lebens, welcher ungefähr mit der Lebensmitte zusammenfällt, hört aber die Zielstrebigkeit des Lebens keineswegs auf. Mit derselben Intensität und Unaufhaltsamkeit, mit der es vor der Lebensmitte bergauf ging, geht es jetzt bergab, denn das Ziel liegt nicht auf dem Gipfel, sondern im Tal, wo der Aufstieg begann. **GW 8, § 798**

Wie früher die Furcht als Hemmnis vor dem Leben stand, so steht sie jetzt vor dem Tod. Es wird zwar zugegeben, dass man aus Furcht vor dem Leben sich beim Aufstieg verspätet hat, erhebt aber jetzt gerade wegen der Verspätung einen um so größeren Anspruch auf das Festhalten der erreichten Höhe. Es ist zwar offenkundig geworden, dass das Leben sich trotz allen Widerständen (die jetzt – ach so sehr – bereut werden) durchgesetzt hat, aber ungeachtet dieser Erkenntnis wird jetzt doch wieder versucht, das Leben stillzustellen. Damit verliert die Psychologie eines solchen Menschen ihren natürlichen Boden. Sein Bewusstsein steht in der Luft, während unter ihm die Parabel mit vermehrter Geschwindigkeit absinkt. **GW 8, § 799**

Ein Mann in der Lebensmitte fühle sich noch jung, und Alter und Tod liegen ihm fern. Etwa mit sechsunddreißig Jahren überschreitet er aber den Zenit des Lebens, ohne sich der Bedeutung dieser Tatsache bewusst zu sein. Ist er nun ein Mensch, der nach seiner ganzen Veranlagung und Begabung ein allzu großes Unbewusstsein nicht erträgt, so wird ihm die Erkenntnis dieses Momentes vielleicht in Form eines archetypischen Traumes aufgedrängt. Vergeblich wird er sich mithilfe eines sorgfältig aufgenommenen Kontextes bemühen, den Traum zu verstehen, denn dieser drückt sich in fremdartigen mythologischen Formen aus, die dem Träumer nicht geläufig sind. Der Traum benützt kollektive Figuren, weil er ein ewiges, unendlich sich wiederholendes menschliches Problem und nicht eine persönliche Gleichgewichtsstörung auszudrücken hat.

GW 8, § 556

Nein, aufs Tiefste unvorbereitet treten wir in den Lebensnachmittag, schlimmer noch, wir tun es unter der falschen Voraussetzung unserer bisherigen Wahrheiten und Ideale. Wir können den Nachmittag des Lebens nicht nach demselben Programm leben wie den Morgen, denn was am Morgen viel ist, wird am Abend wenig sein, und was am Morgen wahr ist, wird am Abend unwahr sein. Ich habe zu viele alte Leute behandelt und in die Geheimkammern ihrer Seelen geblickt, um nicht von der Wahrheit dieser Grundregel erschüttert zu sein. **GW 8, § 784**

Ich sagte vorhin, dass wir keine Schulen für Vierzigjährige hätten. Das ist nicht ganz wahr. Unsere Religionen sind seit alters solche Schulen oder waren es einmal. Aber für wie viele sind sie es noch? Wie viele von uns älteren Leuten sind in einer solchen Schule wirklich für das Geheimnis der zweiten Lebenshälfte, für das Greisenalter, den Tod und die Ewigkeit erzogen worden? **GW 8, § 786**

Es ist schwer zu sehen, welch andere Zielpunkte die zweite Lebenshälfte haben sollte als diejenigen der ersten: Erweiterung des Lebens, Nützlichkeit, Wirksamkeit, Figurmachen im sozialen Leben, umsichtige Bugsierung der Nachkommenschaft in passende Ehen und gute Stellungen – Lebenszweck genug! Leider nicht genügend Sinn und Zweck für viele, die im Altern nur das bloße Abnehmen des Lebens erblicken und die früheren Ideale als verblasst und verbraucht zu empfinden vermögen! Gewiss, hätten diese Menschen früher schon ihre Lebensschale bis zum Überfließen gefüllt und bis zum Grunde geleert, so würden sie jetzt wohl anders empfinden, sie hätten nichts zurückgehalten, alles, was brennen wollte, wäre verbrannt, und die Stille des Alters wäre ihnen willkommen. Aber wir dürfen nicht vergessen, dass die wenigsten Menschen Lebenskünstler sind und dass zudem die Lebenskunst die vornehmste und seltenste aller Künste ist – den ganzen Becher in Schönheit zu leeren, wem gelänge das? So bleibt für viele Menschen zu viel Ungelebtes übrig – oftmals sogar Möglichkeiten, die sie beim besten Willen nicht hätten leben können, und so betreten sie die Schwelle des Alters mit einem unerfüllten Anspruch, der ihnen den Blick unwillkürlich rückwärts lenkt. **GW 8, § 789**

Die Menschen haben das Gefühl, dass es einen großen Unterschied macht oder machen würde, wenn sie nur einen festen Glauben an eine sinnvolle Lebensweise oder an Gott und die Unsterblichkeit hätten. Das Gespenst des Todes, das drohend vor ihnen auftaucht, ist oft eine starke Triebfeder bei solchen Gedanken. Seit undenklichen Zeiten haben die Menschen sich Vorstellungen von einem oder mehreren höchsten Wesen und einem Jenseits gemacht. Nur die moderne Zeit glaubt, ohne sie auskommen zu können. Weil man den Himmel mit Gottes Thron nicht mithilfe von Teleskop oder Radar hat feststellen können und nicht (mit Sicherheit) nachgewiesen hat, dass die lieben Eltern noch mit einem mehr oder weniger sichtbaren Körper umherwandeln, nimmt man an, dass solche Vorstellungen nicht »wahr« seien. Als Vorstellungen sind sie sogar nicht »wahr« genug, denn sie haben das menschliche Leben seit prähistorischen Zeiten begleitet und sind auch jetzt noch bereit, beim geringsten Anlass in das Bewusstsein durchzubrechen. **GW 18 I, § 565**

Ich fürchte, dass selbst die geoffenbarte Wahrheit sich entwickeln muss. Alles Lebendige wandelt sich. Wir sollten uns mit unveränderlichen Traditionen nicht zufriedengeben. GW 18 II, § 1652

Vielleicht muss man sogar das Leben riskieren. Gewöhnlich hat sich eine Falltür für immer geschlossen. HERAKLIT, der dunkle, der intelligenteste der alten Philosophen, sagte: »Es ist tödlich für die Seele, zu Wasser zu werden.« Es ist tödlich für die Seele, unbewusst zu werden. Menschen sterben, bevor der Tod des Körpers eintritt, weil der Tod in der Seele hockt. Sie sind maskenhafte Blutegel, die wie Gespenster umhergehen, tot, aber immer noch saugend. Es ist eine Art von Tod. Ich habe einen Mann erlebt, der seinen Geist in einen Brei verwandelt hatte. Man kann sich von seinen Problemen entfernen, man braucht nur lang genug von ihnen wegzuschauen. Man kann ihnen entrinnen, aber es ist der Tod der Seele.

Traumanalyse, S. 119

Das Leben der zweiten Lebenshälfte heißt nicht Aufstieg, Entfaltung, Vermehrung, Lebensüberschwang, sondern Tod, denn sein Ziel ist das Ende. Seine-Lebenshöhe-nicht-Wollen ist dasselbe wie Sein-Ende-nicht-Wollen. Beides ist: Nicht-leben-Wollen. Nicht-leben-Wollen ist gleichbedeutend mit Nicht-sterben-Wollen. Werden und Vergehen ist dieselbe Kurve.

GW 8, § 800

ALTER UND TOD

Den ganzen Becher
in Schönheit zu leeren,
wem gelänge das?

GW 8, § 789

Dem Tod entgegenlaufen

Dem Aufstieg des Lebens billigen wir Ziel und Sinn zu, warum nicht dem Abstieg? Die Geburt des Menschen ist bedeutungsschwanger, warum nicht der Tod?

GW 8, § 803

Die Flucht vor dem Leben befreit nicht von dem Gesetz des Alterns und des Todes. **GW 5, § 617**

Es ist ebenso neurotisch, sich nicht auf den Tod als ein Ziel einzustellen, wie in der Jugend die Fantasien zu verdrängen, welche sich mit der Zukunft beschäftigen.

GW 8, § 808

Wir verstehen Leben nicht einmal in der Materie, wie könnten wir hoffen, es außerhalb der Materie zu erfassen? Ich weiß auch nicht, ob eine Fortdauer des Lebens jenseits irdischer Existenz als gut oder als schlecht zu betrachten wäre. Bei dieser großen Frage pflege ich so zu argumentieren: Wir sind hier und jetzt, und was das zukünftige Hier und Jetzt sein wird, werden wir sehen, wenn es da ist. Sollten wir uns in neuer Hülle und an einem neuen Ort entdecken, werden wir sagen: Ach, noch einmal! – und werden hindurchkriechen, wie wir es bis anhin getan hatten.

Briefe 1, S. 306

Je älter ich werde, desto tiefer bin ich beeindruckt von der Vergänglichkeit und Unsicherheit unserer Erkenntnis und desto mehr suche ich Zuflucht bei der Einfachheit unmittelbarer Erfahrung, um den Kontakt mit den wesentlichen Dingen nicht zu verlieren, nämlich den Dominanten, welche die menschliche Existenz durch die Jahrtausende bestimmen.

Briefe III, S. 327

Es herrscht sogar vielfach ein falscher Ehrgeiz, dass ein Alter sein sollte wie ein Junger, oder wenigstens sollte er dergleichen tun, obschon er innerlich nicht mehr daran glauben kann. Deshalb ist so vielen der Übergang von der natürlichen zur kultürlichen Phase unendlich schwierig und bitter; sie klammern sich an die Illusion der Jugend oder an ihre Kinder, um auf diese Weise noch ein Stückchen Jugend zu retten. Man sieht dies namentlich bei Müttern, die ihren einzigen Sinn in ihren Kindern sehen und in ein bodenloses Nichts zu fallen glauben, wenn sie ihre Kinder aufzugeben haben. Kein Wunder daher, dass viele schwere Neurosen zu Beginn des Lebensnachmittags auftreten. Es ist eine Art zweiter Pubertätszeit oder zweiter Sturm und Drangperiode, nicht selten begleitet von allen Stürmen der Leidenschaft (»gefährliches Alter«). Aber die Probleme, die sich in diesem Alter stellen, sind nicht mehr nach den alten Rezepten zu lösen: Der Zeiger dieser Uhr lässt sich nicht zurückdrehen. *Was die Jugend außen fand und finden musste, soll der Mensch des Nachmittags innen finden.* GW 7, § 114

Wenn einem zum Beispiel der Glaube und die Überzeugung von unseren Werten untergeht, hat man das Gefühl, man müsse sterben. Das sei das Ende vom Leben. Das Leben lohne sich nicht mehr. Und wenn nun ein solch tiefer Einschnitt im Leben erfolgt, so ist man immer begleitet von Todesgedanken und -fantasien oder Todesängsten. [...] Wenn eine gründliche Änderung angezeigt ist, und das wird geflissentlich umgangen, dann ereignen sich häufig Unfälle, sogar Todesfälle oder schwere Krankheiten. [...] Wenn der Tod auf der Schwelle erscheint, müsste er sich mit dem Gedanken des Todes, also auch seines Todes, auseinandersetzen. Tatsächlich ist ja die Todesangst, die mit der psychischen Änderung verknüpft ist, auch der Grund, warum die Leute ausreißen. Sie tun es, weil sie Todesangst haben, weil sie es nicht riskieren.

Kinderträume, S. 532

Alles, was noch nicht dort ist, wo es sein sollte, und das noch nicht vergangen ist, wo es doch hätte vergehen sollen, empfindet Angst vor dem Ende, das heißt vor der endgültigen Abrechnung. Man umgeht so lange wie immer möglich die Bewusstmachung jener Dinge, die der Ganzheit noch fehlen, und verhindert dadurch die Bewusstwerdung des Selbst und damit die Bereitschaft zum Tod. Das Selbst verharrt in der Projektion. **GW 10, § 695**

Wo ist die Weisheit unserer Alten? Wo sind ihre Geheimnisse und Traumgesichte? **GW 8, § 788**

Könnten wir dasselbe Experiment mit einem alternden Menschen anstellen [das heißt, das Beobachten seiner Gedanken] – selbstverständlich ohne dass er es merkt –, so fänden wir natürlich wegen des Zurückschauens eine größere Anzahl von Erinnerungsbildern als beim jungen Mann, daneben aber eine überraschend große Anzahl von Antizipationen der Zukunft, einschließlich des Todes. Mit zunehmenden Jahren häufen sich sogar die Todesgedanken in erstaunlichem Maß. Der alternde Mensch bereitet sich nolens volens auf den Tod vor. Darum meine ich, dass die Natur schon selbst für die Vorbereitung aufs Ende sorgt.

GW 8, § 808

Die Idee des Selbstmords, so menschlich begreiflich sie auch ist, erscheint mir nicht als empfehlenswert. Wir leben, um ein möglichst großes Maß an geistiger Entwicklung und an Bewusstwerdung zu erreichen. Solange das Leben irgendwie auch nur in geringstem Maß möglich ist, sollte man daran festhalten, um es zum Zweck der Bewusstwerdung auszuschöpfen. Vor der Zeit das Leben zu unterbrechen, heißt ein Experiment zum Stillstand bringen, das wir nicht angelegt haben. Wir haben uns darin vorgefunden und müssen es bis zum Äußersten durchführen. **Briefe II, S. 44f.**

Von der Lebensmitte an bleibt nur der lebendig, der mit dem Leben sterben will. Denn das, was in der geheimen Stunde des Lebensmittags geschieht, ist die Umkehr der Parabel, *die Geburt des Todes*. **GW 8, § 800**

Der alternde Mensch sollte wissen, dass sein Leben nicht ansteigt und sich erweitert, sondern dass ein unerbittlicher innerer Prozess die Verengerung des Lebens erzwingt. **GW 8, § 785**

In der Psyche jedes Menschen gibt es gewisse Dinge, die zum Absterben bestimmt sind, eben nutzlose Schalen, die abgeworfen werden müssen. Beim Stoffwechsel des Körpers sterben täglich bestimmte Zellen ab – heute leben sie, morgen sind sie tot und können weggeschafft werden. So müssen wir auch in der Psychologie bestimmte Dinge entwickeln, die niemals zur Reife gelangen. Eine Zeit lang sind sie nützlich, dann verschwinden sie wie zum Beispiel bestimmte Gaben, die in der Jugend vielversprechend sind; oft verdorren sie nach einer Weile und fallen ab. [...] Das Leben ist ein Labor, ein Experiment der Natur, und viele Dinge scheitern. Die Leute sagen: »Das und das ist gescheitert«, und es bleibt ihnen ganz unbewusst, was sie tun können, sie sind pessimistisch und sind sich deshalb nur bewusst, was sie nicht schaffen. **Traumanalyse, S. 286**

Der Tod ist ja auch eine fruchtbare Brutalität – darüber darf man sich nicht täuschen –, nicht nur als physisches Geschehen, sondern viel mehr noch als psychisches: Ein Mensch wird weggerissen, und was bleibt, ist eisige Totenstille. Keine Hoffnung besteht mehr auf irgendeinen Zusammenhang, denn alle Brücken sind abgebrochen. Menschen, denen man ein langes Leben gewünscht hätte, werden mitten aus dem Leben dahingerafft, und Nichtsnutze erreichen ein hohes Alter. Das ist eine grausame Realität, die man sich nicht verhehlen sollte. Die Brutalität und Willkürlichkeit des Todes können die Menschen so verbittern, dass sie daraus schließen, es gäbe keinen barmherzigen Gott, keine Gerechtigkeit und keine Güte.

Unter einem anderen Gesichtspunkt aber erscheint der Tod als ein freudiges Geschehen. Sub specie aeternitatis ist er eine Hochzeit, ein Mysterium Coniunctionis. Die Seele erreicht sozusagen die ihr fehlende Hälfte, sie erlangt Ganzheit. **Erinnerungen, S. 343**

Gründe für mehr als gewöhnliche Todesangst braucht man heutzutage ja nicht zu suchen. Sie liegen auf der Hand, und dies um so mehr, als alles sinnlos verschwendete und in die Irre gegangene Leben ebenfalls Tod bedeutet. **GW 10, § 696**

Der Tod ist nämlich, psychologisch richtig gesehen, nicht ein Ende, sondern ein Ziel, und darum beginnt das Leben zum Tod, sobald die Mittagshöhe überschritten ist. **GW 13, § 68**

Nie erhebt sich dringender und peinlicher die Frage nach Sinn und Wert des Lebens, als wenn wir sehen, wie der letzte Hauch einen eben noch lebendigen Körper verlässt. Wie anders erscheint uns der Sinn des Lebens, wenn wir den jugendlichen Menschen sich um ferne Ziele bemühen und Zukunft schaffen sehen, als wenn ein unheilbar Kranker oder ein Greis widerwillig und kraftlos ins Grab sinkt! Die Jugend – will es uns scheinen – hat Ziel, Zukunft, Sinn und Wert. Das Zuendegehen aber ist ein bloß sinnloses Aufhören.

GW 8, § 796

In diesem Zusammenhang möchte ich noch einen anderen, für eine gewisse Kategorie von Vorkommnissen typischen Fall anführen. Die Frau eines meiner in den Fünfzigerjahren stehenden Patienten erzählte mir einmal gesprächsweise, dass beim Tod ihrer Mutter und Großmutter sich vor den Fenstern des Sterbezimmers eine große Zahl von Vögeln gesammelt hätte; eine Erzählung, wie ich sie schon mehr als einmal von anderen Leuten gehört habe. Als die Behandlung ihres Mannes sich ihrem Ende nahte, indem seine Neurose behoben war, da traten bei ihm vorerst leichte Symptome auf, welche ich auf eine Herzerkrankung bezog. Ich schickte ihn zu einem Spezialisten, der aber bei der ersten Untersuchung, wie er mir schriftlich mitteilte, nichts Besorgniserregendes feststellen konnte. Auf dem Heimweg von dieser Konsultation (mit dem ärztlichen Bericht in der Tasche) brach mein Patient plötzlich auf der Straße zusammen. Als er sterbend nach Hause gebracht wurde, war seine Frau bereits in ängstlicher Unruhe, und zwar darum, weil bald, nachdem ihr Mann zum Arzt gegangen war, ein ganzer Vogelschwarm sich auf ihr Haus niedergelassen hatte. Natürlich erinnerte sie sich sofort an die ähnlichen Vorkommnisse beim Tod ihrer Angehörigen und befürchtete Schlimmes.

Obschon ich die an diesen Ereignissen beteiligten Personen genau kenne und deshalb weiß, dass es sich um einen wahren Tatsachenbericht handelt, so stelle ich mir doch keineswegs vor, dass sich irgendjemand, der entschlossen ist, solche Dinge als bloße Zufälle anzusehen, dadurch bewogen fühlen wird, seine Auffassung zu ändern. Ich bezwecke mit der Darstellung der beiden Fälle daher nur einen Hinweis auf die Art und Weise, wie sich sinngemäße Koinzidenzen im praktischen Leben zu präsentieren pflegen. **GW 8, §§ 844f.**

Der Tod ist seelisch ebenso wichtig wie die Geburt und wie diese ein integrierender Bestandteil des Lebens. **GW 13, § 68**

Vielen erscheint der Tod als brutales und sinnloses Ende einer kurzen und unbedeutenden Existenz. Und wirklich, wenn man wie ich ein Leben, einen Geist sieht, die sich öffnen und weiten, verfügbar werden für einen neuen Anfang, ein Herz voller junger Hoffnungen und Ideale, eine ehrliche Bereitschaft, die schweren Verantwortungen einer neuen Arbeit im Dienst der Menschheit auf sich zu nehmen, den Mut und den Glauben eines, der sich aufmacht, allen jenen Hilfe zu bringen, die aus der Dunkelheit und Blindheit eines fast animalischen Lebens nach dem Licht eines umfassenderen, menschlicheren Bewusstseins streben – und wenn man all dieses Leben mit einem einzigen, schroffen Schlag zunichtegemacht sieht, kann man nicht anders, als sich durch die Rohheit des Schicksals zerschmettert fühlen. So sieht es jedenfalls von der Oberfläche her und aus der Ferne aus. Doch wenn wir in die Tiefen der Seele eindringen und ihr geheimnisvolles Leben zu verstehen suchen, erkennen wir, dass der Tod kein sinnloses Ende ist, kein bloßes Verschwinden ins Nichts – er ist eine *Vollendung*, eine reife Frucht am Lebensbaum. Auch ist der Tod kein jähes Verlöschen, sondern ein Ziel, auf welches ein halbes Leben lang unbewusst hingelebt und -gearbeitet wurde. **GW 18 II, § 1706**

Ich habe in meiner ziemlich langen psychologischen Erfahrung eine Reihe von Beobachtungen bei Personen gemacht, deren unbewusste Seelentätigkeit ich bis in die unmittelbare Nähe des Todes verfolgen konnte. In der Regel wurde das nahende Ende mit jenen Symbolen angezeigt, mit welchen auch im normalen Leben psychologische Zustandsveränderungen angedeutet werden, nämlich Wiedergeburtsymbole wie Ortsveränderungen, Reisen und dergleichen. **GW 8, § 809**

Leider kommt die mythische Seite des Menschen heutzutage meist zu kurz. Er kann nicht mehr fabulieren. Damit entgeht ihm viel; denn es ist wichtig und heilsam, auch von den unfasslichen Dingen zu reden. Das ist wie eine gute Gespenstergeschichte, bei der man am Kaminfeuer sitzt und eine Pfeife raucht.

Erinnerungen, S. 328

Die Fantasie vom Weltbrand, überhaupt vom katastrophalen Weltende, ist die Projektion des urtümlichen

Bildes der großen Umkehr [...]. Das Bild der Veränderung, welche das Phänomen der zur psychischen Einzelexistenz gehörenden Welt wieder auflöst, keimt im Unbewussten und tritt dem Bewusstsein in Träumen und Ahnungen gegenüber. Je unwilliger das Bewusstsein ist, diese Kunde zu vernehmen, desto ungünstiger und beängstigender werden die Symbole sein, in denen sie sich wahrnehmbar macht. **GW 5, § 681**

Wir sind durch unsere angeborene Struktur streng begrenzt und darum mit unserem Sein und Denken an diese unsere Welt gebunden. Der mythische Mensch verlangt zwar ein »Darüber-Hinausgehen«, aber der wissenschaftlich verantwortliche Mensch kann es nicht zulassen. Für den Verstand ist das »mythologein« eine sterile Spekulation, für das Gemüt aber bedeutet es eine heilende Lebenstätigkeit; sie verleiht dem Dasein einen Glanz, welchen man nicht missen möchte. Es liegt auch kein zureichender Grund vor, warum man ihn missen sollte. **Erinnerungen, S. 328**

Es gibt Fälle, bei denen das Unbewusste den Tod *gegen* das Bewusstsein anstrebt. Gott sei Dank nicht oft. Aber es gibt Fälle, wo die Menschen eigentlich leben möchten, aber aus unbewusster Veranlassung heraus nicht können, sondern vom Unbewussten einfach dazu veranlasst werden, zu sterben. Ich sah Gott sei Dank nicht viele solche Fälle. Aber zwei, drei sah ich, die sehr eindrücklich waren. Das Unbewusste bereitete den Tod vor, und es gab gar kein Ausweichen.

Kinderträume, S. 560

Wir sprechen [...] einerseits von einem *persönlichen*, andererseits von einem *kollektiven* Unbewussten, das gleichsam eine tiefere Schicht als das bewusstseinsnähere persönliche Unbewusste darstellt. Die »großen« beziehungsweise bedeutungsvollen Träume entstammen dieser tieferen Schicht. Ihre Bedeutsamkeit verrät sich, abgesehen vom subjektiven Eindruck, schon durch ihre plastische Gestaltung, die nicht selten dichterische Kraft und Schönheit zeigt. Solche Träume ereignen sich meist in schicksalsentscheidenden Abschnitten des Lebens, so in der ersten Jugend, in der Pubertätszeit, um die Lebensmitte (sechsunddreißigstes bis vierzigstes Jahr) und in conspectu mortis. Ihre Deutung ist oft mit beträchtlichen Schwierigkeiten verknüpft, weil das Material, das der Träumer beitragen kann, zu spärlich ist. Es handelt sich eben bei den archetypischen Gebilden nicht mehr um persönliche Erfahrungen, sondern gewissermaßen um allgemeine Ideen, deren Hauptbedeutung in dem ihnen eigentümlichen Sinn und nicht in irgendwelchen persönlichen Erlebniszusammenhängen besteht.

GW 8, § 555

Der Mensch muss sich darüber ausweisen können, dass er sein Möglichstes getan hat, sich eine Auffassung über das Leben nach dem Tod zu bilden, oder sich ein Bild zu machen – und sei es mit dem Eingeständnis seiner Ohnmacht. Wer das nicht tut, hat etwas verloren. Denn was als Fragendes an ihn herantritt, ist uraltes Erbgut der Menschheit, ein Archetypus, reich an geheimem Leben, das sich dem Unsrigen hinzufügen möchte, um es ganz zu machen. Die Vernunft steckt uns viel zu enge Grenzen und fordert uns auf, nur das Bekannte – und auch dies mit Einschränkungen – in bekanntem Rahmen zu leben, so als ob man die wirkliche Ausdehnung des Lebens kennte! Tatsächlich leben wir Tag für Tag weit über die Grenzen unseres Bewusstseins hinaus; ohne unser Wissen lebt das Unbewusste mit. Je mehr die kritische Vernunft vorwaltet, desto ärmer wird das Leben; aber je mehr Unbewusstes, je mehr Mythus wir bewusst zu machen vermögen, desto mehr Leben integrieren wir. Die überschätzte Vernunft hat das mit dem absoluten Staat gemein: Unter ihrer Herrschaft verelendet der Einzelne. **Erinnerungen, S. 330**

Das sogenannte Leben ist eine kurze Episode zwischen zwei großen Geheimnissen, das doch nur eines ist. Ich kann um keinen Toten trauern. Sie dauern, wir aber gehen vorüber. **Briefe II, S. 103**

Der Anblick des Todes hat schon manche Vollendung erzwungen, die vordem keiner Willensanstrengung oder guten Absicht möglich war. Er ist ein großer Vollender, der unter die Bilanz eines Menschenlebens seinen unerbittlichen Schlussstrich setzt. In ihm erst ist die Ganzheit – so oder so – erreicht. Der Tod ist das Ende des empirischen und das Ziel des geistigen Menschen. **GW 10, § 695**

Der Tod ist ein treuer Begleiter des Lebens und folgt ihm als sein Schatten. Man hat noch einzusehen, wie sehr Lebenwollen = Sterbenwollen ist. **Briefe I, S. 56**

Der Tod ist uns bekannt als ein Ende schlechthin. Es ist der Schlusspunkt, welcher oft noch vor das Ende des Satzes gesetzt wird, über den hinaus es nur noch Erinnerung oder Folgewirkung bei anderen gibt. Für den Betroffenen aber ist der Sand im Glas abgelaufen; der rollende Stein ist zur Ruhelage gekommen. Angesichts solchen Todes erscheint uns das Leben stets wie ein Ablauf, wie der Gang einer aufgezogenen Uhr, deren endlicher Stillstand selbstverständlich ist.

GW 8, S. 796

Vom Leben nach dem Tod

[Zur Frage eines Lebens nach dem Tod:] Bewussterweise bin ich noch nicht dort gewesen. Wenn ich sterbe, werde ich sagen: »Jetzt werden wir sehen!« Momentan habe ich diese Gestalt, und ich sage: »Was gibt es hier? Tun wir alles, was wir *hier* tun können.« Wenn wir nach unserem Tod ein neues Leben vorfinden, werde ich sagen: »Leben wir also noch einmal – encorc une fois!« Ich weiß nichts darüber, aber eines kann ich Ihnen sagen: Das Unbewusste kennt keine Zeit. Ein Teil unserer Psyche befindet sich nicht in Zeit und nicht in Raum. Sie sind nur eine Illusion, Zeit und Raum; und so existiert die Zeit für einen gewissen Teil unserer Psyche überhaupt nicht.

(...)

Man würde das Gleichgewicht verlieren, falls man sich nicht mit der Unsterblichkeit auseinandersetzte, wenn einen die Träume mit dem Problem konfrontieren; *dann* sollte man darüber entscheiden. Wenn sie es nicht tun, kann man es bleibenlassen. Aber wenn sie einen damit konfrontieren, sollte man sagen: »Ich muss herausfinden, was ich diesbezüglich fühle. Nehmen wir an, dass es so etwas wie Unsterblichkeit nicht gibt, kein Leben nach dem Tod: Was fühle ich dann? Wie lebt es sich mit einer solchen Überzeugung?«

Dann bekommen Sie vielleicht Magenbeschwerden. Also sagen Sie sich: »Nehmen wir an, ich sei unsterblich«, und dann sind Sie in Ordnung. Also müssen Sie sich sagen: »Das ist offenbar richtig.« Wie sollen wir es wissen? Wie weiß ein Tier, dass eine bestimmte Sorte Gras, die es gefressen hat, nicht giftig ist, und wie wissen Tiere, dass etwas giftig ist? Sie werden krank. Auf diese Weise erkennen wir die Wahrheit: Die Wahrheit ist das, was uns leben hilft – *richtig leben* hilft.

GW 18 I, §§ 684–686

Ich habe gute Gründe anzunehmen, dass die Dinge mit dem Tod nicht zu Ende sind. Es scheint, als sei das Leben ein Zwischenspiel in einer langen Geschichte.

Briefe II, S. 520

Neuerdings hat die kritische Vernunft neben vielen anderen mythischen Vorstellungen auch die Idee des postmortalen Lebens anscheinend zum Verschwinden gebracht. Dies war nur darum möglich, weil die Menschen heutzutage meist ausschließlich mit ihrem Bewusstsein identifiziert sind und sich einbilden, nur das zu sein, was sie selbst von sich wissen.

Erinnerungen, S. 327

Bei allen Initiationen war das Ziel, einen unsterblichen Menschen, einen den Tod überdauernden Menschen herzustellen. Es handelt sich immer darum, aus der sterblichen Natur den unsterblichen Keim herauszuschälen und diesem Keim Gestalt zu geben, das heißt, man bemüht sich gewissermaßen, das Bewusstsein, das mit dem Ich identisch ist, durch den neuen, den geistigen Menschen zu ersetzen. **Kinderträume, S, 105f.**

Die Welt, in die wir nach dem Tode kommen, wird großartig sein und furchtbar, so wie die Gottheit und die uns bekannte Natur. Auch dass das Leiden gänzlich aufhörte, kann ich mir nicht vorstellen.

Erinnerungen, S. 350

Darum werde ich jetzt gewiss nicht behaupten, man müsse eben glauben, dass der Tod eine zweite Geburt sei und in eine Fortdauer über das Grab hinaus überleite. Ich darf aber wenigstens erwähnen, dass der consensus gentium ausgesprochene Auffassungen vom Tod hat, welche sich in allen großen Religionen der Erde unmissverständlich ausgedrückt haben. Ja, man kann sogar behaupten, dass die Mehrzahl dieser Religionen komplizierte Systeme der Vorbereitung des Todes sind, und zwar in einem solchen Maß, dass das Leben tatsächlich im Sinne meiner obigen paradoxen Formel nichts bedeutet als eine Vorbereitung auf das letzthinnige Ziel, den Tod. Für die beiden größten lebenden Religionen, das Christentum und den Buddhismus, vollendet sich der Sinn des Daseins in seinem Ende. GW 8, § 804

Im Allgemeinen sind die Vorstellungen, welche die Menschen sich über das Jenseits machen, von ihrem Wunschdenken und ihren Vorurteilen mitbestimmt. Meist werden darum mit dem Jenseits nur lichte Vorstellungen verbunden. Aber das leuchtet mir nicht ein. Ich kann mir kaum vorstellen, dass wir nach dem Tod auf einer lieblichen Blumenwiese landen. Wenn im Jenseits alles licht und gut wäre, müsste doch auch eine freundliche Kommunikation zwischen uns und lauter seligen Geistern bestehen, und aus dem Vorgeburtszustand könnten uns schöne und gute Konsequenzen zufließen. Davon ist aber keine Rede. Warum diese unüberwindliche Trennung der Abgeschiedenen von den Menschen? Mindestens die Hälfte der Berichte über Begegnungen mit den Totengeistern handelt von angstvollen Erlebnissen mit dunkeln Geistern, und es ist die Regel, dass das Totenland eisiges Schweigen beobachtet, unbekümmert um den Schmerz der Vereinsamten. Erinnerungen, S. 349f.

Vom psychologischen Gesichtspunkt aus erscheint das »Leben im Jenseits« als eine konsequente Fortsetzung des psychischen Lebens im Alter. Mit zunehmendem Alter nämlich spielen Beschaulichkeit, Reflexion und die inneren Bilder natürlicherweise eine immer größere Rolle. »Deine Alten werden Träume haben« [Apostelgesch. 2,17; Joel 3,1]. Dies setzt allerdings voraus, dass die Seele der Alten nicht verholzt oder versteinert ist – sero medicina paratur cum mala per longas convaluere moras [die Medizin wird zu spät zubereitet, wenn das Übel durch lange Zeiten stark geworden ist]. Im Alter fängt man an, die Erinnerungen vor seinem inneren Auge abrollen zu lassen und sich in den inneren und äußeren Bildern der Vergangenheit denkend zu erkennen. Das ist wie eine Vorstufe oder eine Vorbereitung zu einer Existenz im Jenseits, so wie nach Auffassung PLATOS die Philosophie eine Vorbereitung auf den Tod darstellt.

Erinnerungen, S. 349

Es waren nicht nur eigene Träume, sondern gelegentlich auch diejenigen von anderen, die meine Auffassung über ein postmortales Leben formten, revidierten oder bestätigten. Von besonderer Bedeutung war der Traum, den eine knapp sechzigjährige Schülerin von mir etwa zwei Monate vor ihrem Tode träumt: Sie kam ins Jenseits. Dort war eine Schulklasse, in welcher auf der vordersten Bank ihre verstorbenen Freundinnen saßen. Es herrschte allgemeine Erwartung. Sie blickte sich um nach einem Lehrer oder Vortragenden, konnte aber niemanden finden. Man bedeutete ihr, dass sie selbst die Vortragende sei, denn alle Verstorbenen hätten gleich nach ihrem Tod einen Bericht über die Gesamterfahrung ihres Lebens abzugeben.

Die Toten interessierten sich in hohem Maß für die von den Verstorbenen mitgebrachten Lebenserfahrungen, so als ob Taten und Entwicklungen im irdischen Leben die entscheidenden Ereignisse seien.

Auf alle Fälle schildert der Traum eine sehr ungewöhnliche Zuhörerschaft, die ihresgleichen auf der Erde wohl kaum finden dürfte: Man interessiert sich brennend für das psychologische Endresultat eines menschlichen Lebens, das in keinerlei Weise bemerkenswert ist, so wenig wie der Schluss, der daraus gezogen werden könnte – nach unserem Dafürhalten. Wenn sich das »Publikum« aber in einer relativen Nicht-Zeit befindet, wo »Ablauf«, »Ereignis«, »Entwicklung« fragliche Begriffe geworden sind, so könnte es sich eben gerade für das, was ihm in seinem Zustand fehlt, am meisten interessieren.

Zur Zeit dieses Traumes hatte die Verstorbene Angst vor dem Tod und wollte diese Möglichkeit ihrem Bewusstsein tunlichst fernhalten.

Erinnerungen, S. 333f.

Es gibt Menschen, die kein Bedürfnis nach Unsterblichkeit empfinden und für die es grässlich ist zu denken, sie müssten zehntausend Jahre auf einer Wolke sitzen und Harfe spielen! Auch gibt es nicht wenige, denen das Leben so übel mitgespielt hat oder die solchen Ekel vor der eigenen Existenz empfinden, dass ihnen ein absolutes Ende köstlicher erscheint als eine Fortdauer. Aber in der Mehrzahl der Fälle ist die Frage nach der Immortalität so dringend, so unmittelbar und auch so unausrottbar, dass man den Versuch wagen muss, sich irgendeine Auffassung darüber zu bilden. **Erinnerungen, S. 329**

Es ist aber ein sehr wichtiges »Interesse« des alternden Menschen, sich gerade mit dieser Möglichkeit bekannt zu machen. Ein sozusagen unabweisbar Fragendes tritt an ihn heran, und er sollte darauf antworten. Zu diesem Zweck sollte er einen Mythus vom Tod haben, denn die »Vernunft« zeigt ihm nichts als die dunkle Grube, in die er fährt. Der Mythus aber könnte ihm andere Bilder vor Augen führen, hilfreiche und bereichernde Bilder des Lebens im Totenland. Glaubt er an diese oder gibt er ihnen auch nur einigen Kredit, so hat er damit ebenso sehr recht und unrecht wie einer, der nicht an sie glaubt. Während aber der Leugnende dem Nichts entgegengeht, folgt der dem Archetypus Verpflichtete den Spuren des Lebens bis zum Tod. Beide sind zwar im Ungewissen, der eine aber gegen seinen Instinkt, der andere mit ihm, was einen beträchtlichen Unterschied und Vorteil zugunsten des Letzteren bedeutet. **Erinnerungen, S. 334**

Weder wünsche ich, noch wünsche ich nicht, dass wir ein Leben nach dem Tod hätten, und ich möchte auch dergleichen Gedanken nicht kultivieren; aber ich muss, um die Wirklichkeit zu Wort kommen zu lassen, feststellen, dass ohne meinen Wunsch und ohne mein

Zutun Gedanken solcher Art in mir kreisen. Ich weiß nichts darüber, ob sie wahr oder falsch sind, aber ich weiß, dass sie vorhanden sind und dass sie geäußert werden können, falls ich sie nicht aus irgendwelchem Vorurteil unterdrücke. **Erinnerungen, S. 327**

Wenn es ein bewusstes Dasein nach dem Tod geben sollte, so ginge es, wie mir scheint, in der Richtung weiter wie das Bewusstsein der Menschheit, das jeweils eine obere, aber verschiebbare Grenze hat. Es gibt viele Menschen, die im Augenblick ihres Todes nicht nur hinter ihren eigenen Möglichkeiten zurückgeblieben sind, sondern vor allem auch weit hinter dem, was schon zu ihren Lebzeiten von anderen Menschen bewusst gemacht worden war. Daher ihr Anspruch, im Tode den Anteil an Bewusstheit zu erlangen, den sie im Leben nicht erworben haben.

Erinnerungen, S. 337

Die entscheidende Frage für den Menschen ist: Bist du auf Unendliches bezogen oder nicht? Das ist das Kriterium seines Lebens. **Erinnerungen, S. 354**

Literaturverzeichnis

Jung, C. G.: Gesammelte Werke (GW). 20 Bde. Hg. von Lilly Jung-Merker / Elisabeth Rüf / Leonie Zander et al. Sonderausgabe. Edition C. G. Jung im Patmos Verlag, Ostfildern 2011ff.

Daraus besonders:

Symbole der Wandlung: GW 5

Über die Psychologie des Unbewussten: GW 7

Geist und Leben: GW 8

Die Lebenswende: GW 8

Seele und Tod: GW 8

Das symbolische Leben: GW 18 I und 18 II

Jung, C. G.: Briefe. 3 Bände. Hg. von Aniela Jaffé in Zusammenarbeit mit Gerhard Adler. Sonderausgabe. Edition C. G. Jung im Patmos Verlag, Ostfildern 2012.

Jung, C. G.: Erinnerungen, Träume, Gedanken. Aufgezeichnet und herausgegeben von Aniela Jaffé. Korrigierte Sonderausgabe. 23. Aufl. Edition C. G. Jung im Patmos Verlag, Ostfildern 2024.
Originalverlag: © Pantheon Books, an imprint of The Knopf Doubleday Group, a division of Penguin Random House LLC.

Jung, C. G.: Kinderträume. Hg. von Lorenz Jung und Maria Meyer-Grass. Walter, Olten/Freiburg im Breisgau 1987.

Jung, C. G.: Traumanalyse. Nach Aufzeichnungen des Seminars 1928–1930. Hg. von William McGuire. Aus dem Englischen übersetzt von Brigitte Stein. Walter, Olten 1990.

Weisheiten und Einsichten

C. G. Jung
Von Gut und Böse
Weisheiten und Einsichten
Ausgewählt von Franz Alt

144 Seiten, 12 x 19 cm
Hardcover
ISBN 978-3-8436-1527-3

Lebenslang hat sich C. G. Jung mit der Frage beschäftigt, was das Gute und was das Böse sei. Schließlich kam er zu dem Schluss, dass beides nicht zu definieren ist, aber der Mensch sich diesen Realitäten immer wieder stellen muss. In diesem Klassiker hat Franz Alt die wichtigsten Zitate C. G. Jungs zum Thema Gut und Böse versammelt. Dabei geht es sowohl um die Ursachen des Bösen, um die Dunkelheit Gottes, Moral und Unmoral, die Auswirkungen beider Kräfte auf die Gesellschaft wie auch darum, dass der Mensch sich mit seinen eigenen Schattenseiten auseinandersetzen muss. Eine Schatzkiste voller Einsichten und Weisheiten, die Mut machen, sich mit diesem hochaktuellen Thema auseinanderzusetzen und eigene Standpunkte zu finden.

PATMOS

www.verlagsgruppe-patmos.de

Heil werden und Sinn finden

C. G. Jung
Die heilende Kraft in uns
Weisheiten und Einsichten

Ausgewählt von Franz Alt

128 Seiten, 12 x 19 cm
Hardcover
€ 18,– [D] / € 18,50 [A]
ISBN 978-3-8436-1469-6

Viele Menschen sehnen sich nach Heilung. Sie leiden an körperlichen und seelischen Erkrankungen, aber auch an Konflikten und Spannungen bei der Bewältigung des Alltags. »Niemand ist ohne Leiden, solange er im chaotischen Strom des Lebens schwimmt«, betont C. G. Jung. Seelisches Leiden ist für ihn vor allem mit einem Mangel an Sinn im Leben verbunden. Wer Heilung sucht, muss daher bereit sein, sich auf Sinnfragen einzulassen. Auf dem Weg der Heilung zu sein, bedeutet für Jung Bewusstwerdung und eine lebenslange Entwicklung zur Ganzheit. Und für Therapeut:innen, die heilend wirken wollen, gilt: »Nur das, was einer wirklich ist, hat heilende Kraft.« In diesem Klassiker hat Franz Alt die wichtigsten Zitate C. G. Jungs zu Krankheit, Leiden und Heilung versammelt. Die Texte machen Mut, sich auf die heilenden Kräfte, die im Menschen selbst zu finden sind, einzulassen.

PATMOS

www.verlagsgruppe-patmos.de

Träume und Unbewusstes

C. G. Jung
Traum und Traumanalyse

144 Seiten, 12 x 19 cm
Hardcover
ISBN 978-3-8436-1562-4

Träume sind Botschaften aus dem Unbewussten und verweisen auf ein tiefes Wissen der Seele. Die Traumsprache ist eine symbolische, die entschlüsselt werden will. Dann können Träume Hinweise zur Selbsterkenntnis geben und in schwierigen Situationen Orientierung bieten. Träume sind, so C. G. Jung, eine »spontane Selbstdarstellung der aktuellen Lage des Selbst in symbolisierender Ausdrucksform« und stehen auch mit der Lebensgeschichte eines Menschen in Verbindung. Sie beziehen sich aber nicht nur auf Aktuelles oder Vergangenes, sondern manche Träume antizipieren auch zukünftige Entwicklungen. Dieser Auswahlband versammelt zentrale Beiträge C. G. Jungs zur Psychologie des Traumes, zum Wesen der Träume sowie zur Traumanalyse und ihrer praktischen Verwendung.

PATMOS

www.verlagsgruppe-patmos.de